ARTHUR W. UPFIELD
Bony und die schwarze Jungfrau

Buch

In Neu-Südwales herrscht schon seit drei Jahren eine vernichtende Dürre, die Hühner, Schafe und Hunde qualvoll verenden läßt. Auch den alten Schafzüchter John Downer plagt der Durst, und als er nach einer mehrwöchigen Sauftour in der Stadt mit seinem Sohn Eric auf seine Farm am Lake Jane zurückkehrt, macht er eine sonderbare Entdeckung: Sein Arbeiter Carl Brandt, der sich während der Abwesenheit der Downers um die Farm kümmern sollte, ist spurlos verschwunden. Statt dessen entdecken John und Eric einen toten Mann, den sie noch nie zuvor gesehen haben. Der Tote hält ein schwarzes Haarbüschel in der Hand – es scheint, als habe er mit seinem Mörder einen erbitterten Kampf geführt. Der verschwundene Brandt kann mit der Sache nichts zu tun haben, denn er ist blond. Als kurze Zeit später auch Brandt erschlagen unter einem Sandhügel aufgefunden wird, muß sich Napoleon Bonaparte der Sache annehmen ...

Autor

Arthur W. Upfield, geboren 1888 in England, wanderte nach Australien aus und bereiste per Anhalter den fünften Kontinent. Seine dabei als Pelztierjäger, Schafzüchter, Goldsucher und Opalschürfer gewonnenen Erfahrungen fanden Eingang in 28 Kriminalromane. Hauptfigur ist der sympathische Inspektor Bonaparte, der mit faszinierender Findigkeit verzwickte Situationen und menschliche Probleme zu entwirren versteht. Arthur W. Upfield starb 1964.

Von Arthur W. Upfield außerdem im Goldmann Verlag lieferbar:

Das rote Flugzeug. Roman (5158)
Der neue Schuh. Roman (219)
Der schwarze Brunnen. Roman (224)
Die Giftvilla. Roman (5903)
Bony stellt eine Falle. Roman (1168)
Fremde sind unerwünscht. Roman (1230)

Arthur W. Upfield

Bony und die schwarze Jungfrau

Roman

Aus dem Englischen von
Heinz Otto

GOLDMANN

Die Originalausgabe erschien 1959 unter dem Titel
»Bony and the Black Virgin«

Umwelthinweis:
Alle bedruckten Materialien dieses Taschenbuches
sind chlorfrei und umweltschonend.
Das Papier enthält Recycling-Anteile.

Wiederveröffentlichung 10/99
Copyright © der Originalausgabe 1959
by Arthur W. Upfield
Copyright © der deutschsprachigen Ausgabe 1960, 1999
by Wilhelm Goldmann Verlag, München,
in der Verlagsgruppe Bertelsmann GmbH
Umschlaggestaltung: Design Team München
Umschlagfoto: Bavaria/PP
Satz: deutsch-türkischer fotosatz, Berlin
Druck: Elsnerdruck, Berlin
Krimi 1074
JE · Herstellung: Max Widmaier
Made in Germany
ISBN 3-442-01074-8

7 9 10 8 6

I

Es war nun das dritte Jahr, daß die Hälfte von Neu-Südwales und ein Drittel von Queensland von einer furchtbaren Dürre heimgesucht wurden. In Mindee, an den Ufern des Darling gelegen, gab es drei Hotels. Sie standen dicht beisammen und bildeten eine Oase im Schatten der stattlichen Pfefferbäume. Es hatte sich eingebürgert, daß man schnurstracks zur nächsten Bar ging, wenn man die eine verließ.

Der alte Downer wußte Bescheid. Er betrat das Hotel durch die Vordertür, trat an die Bar, bestellte einen Drink, zahlte, zwinkerte dem Barkeeper zu und verschwand durch die Hintertür. Dort lungerte er wie ein Leinwandspion herum, bis sein Sohn das Hotel durch die Vordertür betrat. In diesem Augenblick flüchtete er blitzartig zum nächsten Hotel, wo sich das Spielchen wiederholte. Und die Barkeeper halfen ihm gern dabei.

Was soll man mit einem Vater beginnen, der immer wieder davonläuft, um ein Gläschen zu trinken? Der Wagen ist versorgt, die Vorräte aufgeladen, alles ist bereit, um die einhundertsiebzig Kilometer über glühheiße Buschpfade zurückzulegen. Und nun muß man von Kneipe zu Kneipe laufen, um den alten Herrn zu suchen.

Der Lastwagen war vor der einzigen Tankstelle des Ortes abgestellt, als Eric Downer mißmutig von Hotel zu Hotel stapfte. In der Mitte des kleinen Platzes, unter einem riesigen Eukalyptusbaum, stand Sergeant Mawby, ein Mann wie ein Bär, mit lässigen Bewegungen und einer sanften Stimme.

»Na, suchen Sie Ihren Vater?« fragte er mitfühlend. »Er ist gerade da drüben ins ›River Hotel‹ gegangen.«

Wütend und schwitzend blieb Eric Downer vor dem Sergeanten stehen. Er war von mittlerer Größe und hatte eine geschmeidige Art, sich zu bewegen. Seine grauen Augen bildeten einen scharfen Kontrast zu dem sonnengebräunten Gesicht. Seine Sprache war die eines gebildeten Menschen.

»Sie wissen ja, wie es ist, Sergeant.«

»Ja. Er probiert wieder einmal seine Tricks, wie? Je länger er in der Stadt ist, um so aktiver wird er.«

»Er weiß ganz genau, daß es Zeit für uns ist, nach Hause zu fahren und daß ich bereits alles aufgeladen habe. Er hat doch einen schönen Urlaub gehabt, da könnte er nun endlich Schluß machen. Jedes Jahr ist es dasselbe. Wirklich zum aus der Haut fahren!«

»Er hat aber auch seine guten Seiten«, wandte der Polizeibeamte ein, und tief in seiner Kehle gluckerte ein Lachen. »Nie macht er Scherereien. Es gibt heutzutage nicht viele, die so sind, Eric. Aber trotzdem bin ich auch der Meinung, daß er nun genug gehabt hat. Sie gehen jetzt von vorn ins ›River Hotel‹, und ich schnappe ihn mir, wenn er hinten herum verduften will.«

»Aber Sie wollen ihn doch wohl nicht einsperren?« fragte Eric unbehaglich. »Sie wissen ja, wir müssen weg.«

»Keine Angst, mein Freund. Ihr Vater ist der letzte, den ich ins Kittchen sperren würde.«

»Vielen Dank, Sergeant.«

Eric stapfte hinüber zum ›River Hotel‹. »Haben Sie vielleicht meinen Alten Herrn gesehen?« fragte er und blickte den Barkeeper durchdringend an.

»Der war vor einer Minute hier. Muß durch die Hintertür weggegangen sein«, erwiderte der Mann grinsend. »Er ist wohl heute morgen nicht so leicht zu finden, wie?«

Eric drehte sich um, ging durch den Flur zum Hinterhof und von dort durch ein schmales Gäßchen zurück zum Platz vor dem Hotel. Er sah, wie Sergeant Mawby einen Mann zu dem parkenden Lastwagen eskortierte. Höflich bat er den alten Downer einzusteigen und lehnte sich dann lässig gegen die

Tür. Seine dunkelbraunen Augen musterten amüsiert den ›Gefangenen‹.

»Ich habe es eben schon zu Ihrem Sohn gesagt, Downer – Sie haben nun genug gehabt«, meinte er. »Jetzt geht es ab nach Hause. Wenn ich Sie vor Weihnachten noch einmal in Mindee sehe, sperre ich Sie ein.«

»Dazu hätten Sie überhaupt kein Recht!« brüllte der alte Mann. »Ich habe mich nie ungebührlich benommen, und ich bin auch kein Landstreicher. Im übrigen bin ich so nüchtern wie ein Staatsanwalt.«

Er trug einen neuen Anzug, und die Bügelfalte seiner Hose war messerscharf. Sein weißes Haar bedeckte ein neuer Velourshut. Sein Bärtchen war sorgfältig gepflegt. Trotz seiner neben Sergeant Mawby klein wirkenden Gestalt war er ein Dynamo, den selbst der Whisky aus drei Hotels nicht abbremsen konnte.

»Na ja«, sagte er, als Eric hinter dem Steuer Platz genommen hatte. »Dann machen Sie's gut, Sergeant. Vielen Dank für alles, und scheren Sie sich zum Teufel!«

Sergeant Mawby grinste, und Downer senior blinzelte ihm zu. Der Sergeant hob die Hand, und der Lastwagen rollte davon.

Bei den letzten Häusern wandte sich der alte Downer an seinen Sohn. »Da hast du mich wieder ganz schön erwischt, wie? Ist alles aufgeladen?«

»Ja, und ohne die geringste Hilfe deinerseits!« gab Eric barsch zurück. Er war noch immer wütend.

»Und du hast doch wohl nicht vergessen, etwas zu trinken mitzunehmen?«

»Ich habe nichts vergessen – auch ohne deine Unterstützung.«

»Ich habe gehört, daß der Fluß langsam anschwillt«, fuhr der alte Mann versöhnlich fort.

»Ach, zum Teufel mit dem Fluß!«

»So ist es recht!« brüllte Downer. »Meine Sauferei paßt dir nicht. Aber dann halt wenigstens deine Klappe, wenn dir nicht nach reden zumute ist, und laß mich in Ruhe. Verdammter Hut!« Er riß seine Kopfbedeckung herunter, warf sie auf den Wagenboden und zertrampelte sie. Zehn Sekunden später schlief er.

Australien übt den seltsamsten Einfluß auf seine Bewohner aus. Manche ängstigt es zu Tode und treibt sie zurück in die Küstenstädte, wo sie in der Herde leben können. Andere trocknet es aus. Die Sonne, die Hitze, der Wind und der Sand – all das gerbt die Menschen wie der Rauch den Schinken. Hier war beispielsweise der alte Downer, weit über Siebzig, und man würde ihn höchstens auf Sechzig schätzen. Neben ihm sein Sohn, erst sechsundzwanzig, aber er wirkte zehn Jahre älter. Solche Männer blieben auf dem Platz, an den sie das Schicksal gestellt hatte. Sie waren für keine Veränderung zu haben, weder physisch noch psychisch.

Fünfzehn Kilometer flußaufwärts war ein Gattertor. Eric Downer mußte aussteigen, um es zu öffnen und, nachdem er hindurchgefahren war, es wieder zu schließen. Während des kurzen, erzwungenen Stopps rückte er seinen Vater ein wenig bequemer zurecht und rauchte eine Zigarette. Einen Monat lang hatten sie sich von den Problemen der anscheinend nie mehr endenden Dürre gelöst und jeder auf seine Weise Erholung gesucht. Es zog sie wieder nach Hause, auch wenn damit Arbeit und Sorgen aufs neue begannen.

Die Straße war eigentlich nur ein Pfad. Sie führte über eisenhart gebackene Lehmflächen und durch rötlichen Sand. Kein Gras, keine Pflanze, keine Büsche, nichts wuchs unter den Eukalyptusbäumen, die das Ufer des Flusses säumten, der nur noch ein träges Rinnsal war.

Als sie kurze Zeit später an einem Siedlerhaus vorbeikamen, wurden sie von den Hunden mit lautem Gekläff begrüßt.

John Downer schreckte hoch.

»Parkers«, sagte er. »Ich habe Durst, mein Junge.«
»Damit warten wir noch«, entschied Eric. »An der Klippe kochen wir Tee.«
»So lange kann ich nicht warten«, stöhnte der Alte. »Bis zur Klippe sind es noch vierzehn Kilometer.«
»Richtig. Und dort wird Rast gemacht.«
Der Alte holte Pfeife und Tabak heraus, aber es gelang ihm in dem schaukelnden Wagen nicht, den Preßtabak loszuzupfen. Resigniert steckte er die Pfeife wieder ein.
»Gib mir mal eins von deinen Stäbchen, Eric. Hier kommt man ja nicht einmal dazu, sich die Pfeife zu stopfen.«
Eric zog eine Zigarette aus dem Handschuhfach, zündete sie an und reichte sie seinem Vater. Der Alte zog zweimal, dann spuckte er in hohem Bogen aus dem Fenster und warf die Zigarette wütend hinterher. Das sei etwas für Mädchen und Stadtfräcke, brummte er. Die vierzehn Kilometer bis zur Klippe erschienen ihm wie hundertvierzig.
Endlich war es soweit. An einer Flußbiegung, dreißig Meter über dem ausgetrockneten Flußbett, hielt Eric an. Zunächst gab er seinem alten Herrn eine ordentliche Portion Whisky. Dabei drohte er ihm, daß dies der letzte Schluck für heute gewesen sei, wenn er nicht zuvor Tee trinken und eine Scheibe Brot mit kaltem Hammelbraten essen würde.
»Du redest genau wie deine Mutter – Gott hab' sie selig!« knurrte John Downer. »Jetzt tust du dies und jetzt mußt du das tun! Und trinke nicht immer soviel! Und rauche nicht immer soviel! Und ... ach, zum Teufel auch!«
»Und zu mir hat sie gesagt: ›Paß immer gut auf deinen Vater auf‹«, fügte der Sohn hinzu. »Es ist nur ein Glück, daß du nie umkippst. Aber wenn ich das nächstemal fertig zur Abfahrt bin, wende ich mich erst an Sergeant Mawby, ehe ich dir nachlaufe.«
»Ja, das glaub' ich dir gern. Typisch für die junge Generation! Immer und ewig die Eltern kritisieren. Aber immerhin, du

hast es ja geschafft, und deine Mutter würde dich bestimmt loben. Gott hab' sie selig!«

Achtzig Kilometer flußaufwärts von Mindee erreichten sie das Herrenhaus von Fort Deakin. Sie wurden von Midnight Long, dem Verwalter, und seiner Frau begrüßt. Man gab ihnen die Post für das Vorwerk L'Albert mit, und vor allem Gemüse, da der Garten in L'Albert nur noch ein Staubhaufen war.

Bis L'Albert waren es dreiundsiebzig Kilometer, und von dort nochmals neunzehn Kilometer bis zu ihrer Farm am Lake Jane. Sie hatten die Bäume am Ufer des Darling hinter sich gelassen, und nun brannte die heiße Oktobersonne erbarmungslos auf sie herab. So weit man blicken konnte, nur flache, flimmernde, blendende Weite.

John Downers Zunge war ausgetrocknet, als sie in L'Albert ankamen. Sie wurden von Jim Pointer, seiner Frau und seiner Tochter Robinia herzlich willkommen geheißen. Mrs. Pointer bestand darauf, sie zum Essen dazubehalten, aber die Downers wollten nach Hause.

»Haben Sie was von Brandt gesehen?« fragte John den hochgewachsenen Jim Pointer.

»Vor reichlich zwei Wochen«, erwiderte Pointer. »Es steht schlecht wie überall. Er beklagte sich, daß er so schrecklich von der Welt abgeschnitten sei. Es wäre besser, wenn Sie sich endlich ein Telefon anschaffen würden, John.«

»Das kommt dran, wenn die Dürre vorüber ist«, brummte Downer senior. »Ich hätte es schon vor Jahren legen lassen sollen, aber Sie wissen ja, wie es ist. Der Leitungsdraht ist unverschämt teuer –«

»Und der Whisky«, fügte der Verwalter von L'Albert lachend hinzu.

»Vielleicht hätten Sie einen Schluck?« parierte der alte Mann. Aber er erntete nur ein Kopfschütteln. Midnight Long war strikt dagegen, daß auf dem Vorwerk getrunken wurde.

Mrs. Pointer wußte, daß Carl Brandt, der die Farm am Lake

Jane versorgte, ein schlechter Koch war. Sie packte darum Brot und Gemüse ein. Die kleine, rundliche Mrs. Pointer kicherte viel und war sehr freigebig.

Nach einer kurzen Unterhaltung mit Robinia Pointer rutschte Eric wieder hinter das Steuer und startete zur letzten Etappe.

»Wie verträgst du dich eigentlich mit Robinia«, fragte der alte Downer betont gleichgültig.

»Wie immer«, erwiderte Eric. »Aber was interessiert dich das?«

»Selbstverständlich interessiert es mich. Du wirst immer älter. Zeit, daß du heiratest. Und es ist auch notwendig, daß wieder eine Frau auf die Farm kommt. Dann könntest du sie übernehmen, und ich würde mich zur Ruhe setzen. Ich weiß wirklich nicht, was du an Robinia auszusetzen hast.«

»Dann heirate du sie doch!«

»Ich! Rede nicht solchen Unsinn.« John schwieg minutenlang. »Hoffentlich hat sich Carl Brandt ordentlich um die Schafe gekümmert. In den letzten Tagen scheint es hier windig gewesen zu sein. Man sieht nicht einmal mehr Wagenspuren, es ist alles verweht.«

Sie kamen zum Grenzzaun ihrer Farm. Am Gatter hing ein Stück flachgewalztes Konservenblech mit der Aufschrift ›Lake Jane – acht Kilometer‹.

Lake Jane – der See in dieser wasserlosen, wüsten Gegend. Er lag in einer Senke, war oval und fünf Kilometer breit. Der schmale Strand war hart wie Zement und hob sich weiß gegen die Sanddünen ab. Auf der anderen Seite des Sees lag das Herrenhaus. Immer deutlicher wurden die Gebäude sichtbar, als sie dem Bogen des Ufers folgten.

»Mit dem Windrad stimmt was nicht«, brummte schließlich der alte Mann. »Da scheint was zerbrochen zu sein.«

»Durchaus möglich«, meinte Eric. »Man kann sich eben auf niemand mehr verlassen.«

Der Strand endete an einer grauen Sandbank. Hier hatten sich früher einmal die Fluten in den See ergossen, und diese Stelle trug den Namen ›Kreuzung‹. Als der Wagen den Sand erreichte, nahm Eric Gas weg und schaltete herunter. Dann gab er Vollgas, und schaukelnd schob sich das Fahrzeug voran. Dreihundert Meter breit war diese Sandfläche, dann ging es den Abhang hinauf zum Gutshaus.

Das Hoftor war geschlossen, und als John ausstieg, um es zu öffnen, beugte sich Eric tief über das Steuerrad. Zwei Flügel des Windrades hingen abgebrochen herunter. Aus dem Schornstein des Herrenhauses stieg kein Rauch. Zwischen Tor und Haus stand ein großer Buchsbaum, und darunter befand sich eine Hundehütte. Eine Kelpiehündin kroch hervor und öffnete das Maul. Aber sie brachte kein Bellen hervor.

Vom Haus herüber wehte ein sanfter Wind. Er verriet alles.

2

John Downer hatte schon oft in seinem Leben schnelle Entscheidungen treffen müssen. Seine Schläfrigkeit war plötzlich wie weggewischt.

»Hier herrscht Leichengeruch, mein Junge«, sagte er scharf. »Wir müssen nachsehen, was los ist.«

Der junge Mann nickte schweigend und stieg aus. Sein Blick hing wie gebannt an dem zusammengebrochenen Hund und dem schweigenden Haus.

»Die Hunde sind alle drin«, sagte der Alte. »Sie müssen seit Tagen nicht freigelassen worden sein.«

Eric stöhnte gequält auf.

»Reiß dich zusammen, mein Junge«, sagte sein Vater. »Wir müssen erst einmal sehen, was Brandt zugestoßen ist. Komm!«

In der Küche sah es wüst aus. Der Tisch war von seinem

Platz geschoben, die Stühle umgeworfen, der Boden mit zerbrochenem Geschirr und den Resten der zersplitterten Petroleumlampe übersät. Alles war mit einer dicken Schicht roten Staubes bedeckt.

Das kleine Nebenzimmer, das als Büro diente, und auch die beiden Schlafzimmer wiesen keine Anzeichen von Unordnung auf. Durch die offene Hintertür drang süßlicher Leichengeruch.

»Sieht aus, als hätte hier ein Kampf stattgefunden«, sagte John Downer. »Muß aber schon Tage her sein. Nach dem Geruch zu schließen, scheint Brandt in seinem Zimmer zu liegen.« Er blickte seinen Sohn an und bemerkte, daß die Sonnenbräune auf dem Gesicht des jungen Mannes einer geisterhaften Blässe gewichen war. »Du bleibst hier, mein Junge. Ich sehe allein nach.«

Aber Eric folgte seinem Vater. Sie traten durch die Hintertür ins Freie. Die Regenzisterne war fast leer. Ihr Blick fiel auf den Brunnen mit dem Windrad, dem Reservetank und dem kurzen Wassertrog. Hinter dem Brunnen stand der lange, offene Maschinenschuppen mit der Werkstatt. Links war die Unterkunft für das Personal angebaut, rechts der Lagerraum.

»Das Windrad ist kaputt, weil es nicht ausgekuppelt worden ist«, sagte der Alte. Sein Blick glitt über den sandigen Boden, auf dem der Wind alle Spuren verweht hatte. Links stand der Hühnerstall mit dem Auslaufgehege. Ganz in der Nähe befanden sich unter einem anderen Buchsbaum zwei Hundehütten – aber die Hunde zeigten sich nicht.

Sie betraten Brandts Zimmer. Das Bett war abgezogen, das Nachttischchen mit einer Staubschicht bedeckt. Die Kleiderhaken waren leer. Auf dem Fußboden lag ein Kartenspiel.

Sie fanden die Leiche im Maschinenschuppen, dicht an der Hinterwand. Sie lag auf dem Rücken, einen Arm weit ausgestreckt, ein Bein angezogen. Auf dem sandigen Boden waren keine Spuren außer ihren eigenen.

»Das ist nicht Carl Brandt«, flüsterte Eric. Sein Atem ging stoßweise.

»Ich kenne ihn auch nicht, mein Junge. Verstehe es nicht! Der Mann muß doch schon mehrere Tage tot sein. Was hat er da in der Hand?«

»Ich weiß nicht, sieht aus wie ... wie eine Haarlocke.«

»Richtig. Wahrscheinlich hat er seinem Gegner ein Haarbüschel vom Kopf gerissen. So muß es wohl gewesen sein. Und sein Gegner war Brandt. Zum Teufel, wo steckt der Kerl?«

Beide beeilten sich, wieder aus dem Schuppen herauszukommen. Draußen blieben sie stehen und überlegten, was jetzt zu tun sei. Schließlich ging Eric zu den beiden Hundehütten beim Hühnerstall.

Die Ketten führten ins Innere. Eric kauerte sich nieder und blickte in das dunkle Loch. Dann langte er hinein und zog einen jungen Kelpie heraus. Aus der zweiten Hundehütte holte er ebenfalls einen Kelpie. Stumm und voller Entsetzen kniete er neben den toten Tieren.

Aber das war noch nicht alles. Im Hühnergehege lagen einige zwanzig Hühner – tot, verdurstet.

Die Sonne stand niedrig im Westen, und die leichte Brise war erstorben. Ringsum herrschte tiefe Stille. Da der Wassertrog leer war, befanden sich auch keine Krähen in der Nähe.

»Ich verstehe das nicht«, murmelte John mit zitternden Lippen.

»Ich schon!« erwiderte Eric, und Haß stand in seinen Augen. »Carl Brandt hat diesen Fremden umgebracht und ist anschließend geflohen. Die Hunde hat er angekettet gelassen und die Hühner ohne Wasser, dieser Lump! Der Dobermann ...«

Er stürmte davon, um das Haus herum. Blue war zäher als die Kelpies und noch am Leben. Der alte Mann trottete langsam hinüber zur Schurbaracke. Er hoffte, hier irgendwelche Spuren zu finden, aber der Wind hatte alles verweht. Er war überzeugt, daß die Tragödie sich vor ungefähr einer Woche ereignet haben mußte. Zu der Zeit hatte es mehrere heiße Frühjahrsstürme gegeben.

John Downer fühlte sich plötzlich schrecklich müde. Das Alter und die vierwöchige Sauftour forderten ihr Recht. Er fand Eric an der Hintertür. Der Dobermann lag unter der Regenzisterne, und Eric hatte den Hahn so weit aufgedreht, daß das Wasser tropfenweise in das sandverkrustete Maul des Tieres laufen konnte. Blues Augen waren staubverklebt.

»Mir geht es genau wie dem Hund, mein Junge«, brummte John. »Wir brauchen beide einen ordentlichen Schluck. Hol mal die Flasche.«

Eric ging zum Wagen, während der Alte neben dem Dobermann niederkniete und vorsichtig dessen Kopf hob. Der Hund gab keine Regung von sich, zeigte keine Wiedersehensfreude. Sanft legte der Alte Blues Kopf zurück in den Sand und bemühte sich, des Zitterns seiner Hände Herr zu werden. Er nahm Eric die Whiskyflasche ab und schickte ihn nach einem Kännchen. Der kräftige Schluck hochprozentigen Alkohols durchrieselte ihn wie Feuer. Sofort hörte das Händezittern auf. Er füllte das Kännchen, das Eric gebracht hatte, halb mit Wasser und gab Whisky hinzu. Dann öffnete er dem Hund das Maul und ließ die Flüssigkeit langsam hineinlaufen. Zunächst tropfte alles auf den Boden, aber dann erschauerte das Tier und begann zu schlucken. Pfeifend ging sein Atem.

»Vielleicht retten wir ihn«, brummte John und stand auf. »Trink auch einen Schluck, mein Junge. Und dann verschwinden wir hier. Wir müssen überlegen, was jetzt geschehen soll. Zunächst einmal zurück zum Wagen. Du bringst den Dobermann mit.«

Sie fuhren einen knappen Kilometer bis zu einer Weggabelung. John entfachte ein Feuer, während Eric den Teekessel füllte. Sie beruhigten sich allmählich, und der Alte war wieder bereit, sich der Führung seines Sohnes anzuvertrauen.

»Was machen wir jetzt?« fragte er.

»Wir müssen zurück nach L'Albert, telefonieren«, erwiderte Eric. »Wir müssen Mawby verständigen.«

»Ja, das sollten wir wohl tun. Aber was wird aus den Schafen? Wir müssen uns ja um die Schafe kümmern! Vielleicht ist Rudders Brunnen auch nicht mehr in Ordnung.«

»Die Schafe müssen warten. Bedenke bitte, daß hier ein Mord geschehen ist.«

John Downer sah zu, wie sein Sohn Tee in das kochende Wasser gab und mit einem Ast den Kessel vom Feuer hob.

»Zum Teufel – die Schafe warten lassen!« schrie der Alte plötzlich außer sich. »Schließlich ist es der Rest, der uns von neuntausend Stück geblieben ist. Wenn wir die auch noch verlieren, können wir hier zumachen.«

»Es ist unsere Pflicht, so schnell wie möglich die Polizei zu verständigen. Das weißt du«, entgegnete Eric trotzig.

»Zum Teufel mit der Polizei!« brüllte der Alte erneut los. »Unsere verdammte Pflicht ist es, uns um die Schafe zu kümmern. Der Bursche da im Schuppen ist nicht verdurstet, und Brandt hat sich inzwischen verkrümelt. Zum Teufel mit ihm!«

Eric nippte an dem heißen Tee und knabberte ein Biskuit.

»Na schön«, meinte er schließlich. »Dann fahren wir zu Rudders Brunnen. Du übernachtest dort, während ich zu Jim Pointer fahre und die Polizei anrufe. Einverstanden?«

»Ja. Auf die Idee hätte ich auch kommen können.«

Der Dobermann lag zwischen ihnen auf dem Sitz, als sie losfuhren. Sechs Kilometer entfernt war der Pferch, wo sich die Reste ihrer Schafherde befanden. Zu Beginn der großen Dürre waren es neuntausend gewesen. Die Tiere kamen bei dem Brunnen zur Tränke, den ein Mr. Rudder gebaut hatte.

Die Sonne war untergegangen. In der Abenddämmerung schienen die vorbeihuschenden Bäume und Sträucher zu wachsen. Manchmal schimmerte die weite Sandfläche wie Purpursamt, dann wieder in blassem Rosa.

»Ich zerbreche mir noch immer den Kopf, wer dieser Tote eigentlich sein mag«, brummte John und paffte seine Pfeife.

»Ich verstehe das nicht. Er muß irgendwie von einer Schafstation im Norden gekommen sein. Vielleicht von Mount Brown. Hat mit Brandt Karten gespielt, einer wollte betrügen, und es gab Streit. Ihm war doch der Schädel eingeschlagen, wie?«

»Wir wollen nicht darüber sprechen, Vater«, bat Eric. »Was für ein Tag! Welche Aufregung!«

»Tut mir leid, mein Junge, aber ich muß einfach darüber sprechen. Brandt geht mir nicht aus dem Kopf. Carl Brandt – ein flüchtiger Mörder! Vielleicht versteckt er sich draußen bei Rudders Brunnen. Wir haben doch das Gewehr dabei?«

»Ja. Unter dem Sitz liegt die Vierundvierziger. Wie geht es Blue?«

»Ich hoffe, er wird wieder. Ein Auge hat er schon offen, und er wackelt auch etwas mit dem Schwanzstummel, wenn er seinen Namen hört.«

Sie fuhren durch eine Mauer von spindeldürren Mulgabäumen, als der Alte sich plötzlich freudig aufs Knie schlug.

»Das Windrad arbeitet noch, mein Junge.«

Drei Minuten später erreichten sie den Pferch bei Rudders Brunnen. John stieg aus, um das Gattertor zu öffnen. Er ließ es gleich offen, damit Eric auf der Rückfahrt nicht zweimal aussteigen mußte. Von hier aus war es nur noch ein knapper Kilometer zum Brunnen und zu der einige hundert Meter abseits stehenden offenen Hütte aus Bambusgras.

»Siehst du etwas von Brandt?« fragte Eric, der sich ganz aufs Fahren konzentrieren mußte.

»Nein. Es kommt kein Rauch aus der Hütte. Ein paar Krähen hocken auf dem Dach, und die Schafe sind an der Tränke. Hier scheint alles in Ordnung zu sein.«

Im stahlblauen Licht der hereinbrechenden Nacht lag die weite Ebene vor ihnen, bedeckt von einem graubraunen Staubschleier, den die heranziehenden Schafe aufgewirbelt hatten.

Die Tiere soffen sich jetzt an der langen Linie der Wassertröge voll. Als sie gesättigt waren, legten sie sich in einiger Entfernung nieder.

Eric hielt vor der Hütte an und lud die Vorräte ab, während sein Vater das Gewehr nahm und zum Brunnen ging. Der Reservetank war noch zu einem Drittel voll. Es war zu spät geworden, um nach den Schafen zu sehen. Auch um die paar Kühe und den Bullen – einst sein ganzer Stolz – konnte er sich erst morgen kümmern.

Eric verstaute die Vorräte in der Hütte. Die Kiste mit den Lebensmitteln, das Brot und das Gemüse legte er auf den rohen Holztisch. Als sein Vater zurückkam, war die Dunkelheit völlig hereingebrochen, auch die Krähen waren verstummt. Nur aus der Ferne drang das zufriedene Blöken der Schafe herüber.

»Sieht nicht so aus, als ob Brandt hier in der Nähe wäre«, sagte der Alte. »Wir essen doch erst, bevor du losfährst?«

»Nein, ich esse in L'Albert. Hier steht die Kiste mit den Lebensmitteln, und dein Reisesack liegt dort. Blue erholt sich gut, er liegt bei den Benzinfässern. Bis morgen früh wird er wohl wieder in Ordnung sein. Jetzt fahre ich am besten los.«

»Gut, mein Junge. Mach dir um mich und den Hund keine Sorgen. Bleib über Nacht bei den Pointers, wenn sie es dir anbieten. Ich habe das Gattertor offengelassen, vergiß also nicht, es hinter dir zu schließen. Mach's gut!«

Der Alte blickte dem Lastwagen nach, wie am Gattertor die Stopplichter aufglühten und wie der Wagen schließlich verschwand. Jetzt war er allein. Rings um ihn war tiefe Dunkelheit, nur über ihm leuchteten die Sterne an einem unendlich weiten Himmel.

Er ging in die Hütte und zündete die Sturmlaterne an. Dann schnitt er sich Brot ab, öffnete eine Dose Fisch und vervollständigte seine Mahlzeit schließlich mit einem ordentlichen Schluck aus der Whiskyflasche.

Ach, zum Teufel mit der Stadt! Eine Weile war es ganz schön

dort, aber zu Hause war eben zu Hause. Es war ein beglückendes Gefühl, auf einer Kiste zu sitzen und zu rauchen. Zum erstenmal seit vielen Monaten war er wieder in der Lage, vernünftig nachzudenken. Über die alten Probleme, die die furchtbare Dürre mit sich gebracht hatte, und über das neue Problem, das dieser Tote im Maschinenschuppen bildete. Und Brandt war einfach getürmt! Schön, sehe ich noch einmal nach dem Hund, und dann lege ich mich aufs Ohr, dachte der Alte.

Blue hatte seine Augen weit offen. Wenn es ihm auch Mühe zu bereiten schien, so wackelte er doch freudig mit seinem Stummelschwanz. Seine Schnauze fühlte sich kühl und feucht an, aber den Kopf konnte er noch immer nicht heben.

Der Alte öffnete eine Dose Fleischextrakt und verrührte ihn zusammen mit kaltem Wasser zu einer kräftigen Brühe. Er mußte den Kopf des Hundes stützen, damit er trinken konnte.

John Downer hatte großes Mitleid mit dem Tier. Er selbst wäre bereits zweimal um ein Haar verdurstet.

Er blies die Lampe aus und brachte sein Reisebündel zu einer riesigen Eiche. Dort breitete er die Decken aus. Dann holte er den Hund. Wenige Sekunden später war er fest eingeschlafen.

3

Mensch und Tiere schliefen ungestört. Am Morgen zündete der Alte vor der Hütte ein Feuer an, dann ging er zurück zur Eiche und holte die Decken und den Hund.

Das geschwächte Tier lag auf einem Sack dicht am wärmenden Feuer, das im heller werdenden Tageslicht immer mehr verblaßte. Der Alte nippte am Tee und rauchte seine Pfeife, während seine Blicke über die endlose Ebene schweiften. Die Krähen begannen ihr krächzendes Morgenkonzert.

John Downer war Pächter von sechzigtausend Hektar Land. Aber was war nach dieser dreijährigen Dürre von der stattlichen Farm übriggeblieben! Vor sechzig Jahren hatte für John Downer der Ernst des Lebens begonnen, und bis heute hatte er sich nicht unterkriegen lassen. Erst bei vollem Tageslicht würde er überblicken können, welcher Rückschlag ihn nun wieder erwartete.

John Downer war König über ein weites Land, und doch war seine Farm geradezu winzig im Vergleich zu Fort Deakin, das dreihunderttausend Hektar umfaßte. In den dreißiger Jahren war er dort Verwalter gewesen und hatte mit seiner Frau und dem kleinen Eric in L'Albert gewohnt. 1935 war es ihm dann gelungen, eigenes Land zu pachten. Seine Frau hatte die Farm ›Lake Jane‹ genannt, weil der See damals noch bis zum Rand voll Wasser gewesen war. Er hatte das Haus gebaut, Geld verdient und Geld eingebüßt. Trotzdem konnte er Eric nach Melbourne auf ein College schicken.

Der Junge war gut vorangekommen und gerade dabei, sein Medizinstudium zu beginnen, als seine Mutter starb. Trotz der Proteste seines Vaters war er nach Hause zurückgekehrt.

John Downer war ein Meter dreiundsechzig groß und immer noch von kräftiger Gestalt. Er brauchte keine Brille, er hatte nicht einmal falsche Zähne, und darum glaubten die Leute immer, er ginge erst auf die Sechzig zu. In Wirklichkeit war er bereits vierundsiebzig.

Auch die Schicksalsschläge der vergangenen Jahre hatten seinen Willen nicht brechen können. Seine Frau zog sich einen Mulgasplitter ein und starb an Wundstarrkrampf. Das war nun genau auf den Tag fünf Jahre her. Dann kam bald die Dürre und sorgte dafür, daß von seinem ganzen Schafbestand noch knapp tausend Tiere übrigblieben.

Ein Königreich! Man mußte ein starkes Herz haben, um über dieses Reich König zu sein.

Der Alte gab dem Dobermann einen Brei aus Fleischextrakt

und Büchsenfleisch. Sein eigenes Frühstück bestand aus Brot, Büchsenfleisch und viel heißem Tee. Er war noch nicht damit fertig, als Midnight Long in seinem Wagen ankam. Long war fünfzig, dürr, zäh und grauhaarig. Den Spitznamen ›Midnight‹ verdankte er seiner Angewohnheit, immer erst spät nach Mitternacht von seinen Viehinspektionen zurückzukehren. Er war Verwalter auf Fort Deakin und nebenbei Friedensrichter.

»Sie werden in ›Lake Jane‹ erwartet, John«, sagte er und schnitt sich Preßtabak in die Pfeife. Geduldig wartete er, bis der Alte sich mit dem Hund neben ihn ins Auto gesetzt hatte. »Eric hilft Sergeant Mawby. Sieht bös aus hier, wie?«

»Ach, es könnte schlimmer sein«, meinte John. »Wir hätten dieses Jahr nicht nach Mindee fahren sollen.«

»Was die Schafe anbelangt, so wäre auch nichts zu ändern gewesen. Sie hätten nicht mehr tun können als Brandt – solange er seiner Arbeit nachging. Ich glaube, er war im Grunde genommen ganz tüchtig. Man konnte sich doch immer auf ihn verlassen.«

»Allerdings. Bis dieser ... Mord passierte.«

»Dumme Sache, John. Ich weiß überhaupt nicht, was ich davon halten soll. Ich habe mir den Toten angeschaut, aber ich habe ihn in meinem Leben noch nicht gesehen. Eric sagt, Sie beide auch nicht. Und Mawby und Sefton kennen ihn ebenfalls nicht. Was Brandt getan hat – na, reden wir nicht davon. Die Polizei wird noch genügend zu fragen haben. Wissen Sie schon, daß der Darling bald Hochwasser führen soll?«

»Ich habe in Mindee davon gehört.«

»Seit Anno siebenundzwanzig soll der höchste Wasserstand erreicht werden, heißt es. Dann würde sich ja auch ihr Lake Jane wieder füllen.«

»Soso!« entgegnete Downer spöttisch. »Wie sagte doch gleich dieser Matrose: ›Wasser, nichts als Wasser – und nicht ein einziger Grashalm zu essen.‹ Wir wollen kein Wasser, das uns noch das letzte bißchen Weideland wegspült. Wir wollen Wasser, das vom Himmel herunterfällt.«

»Sie wissen ganz genau, daß es auch wieder Regen geben wird. Irgendwann muß es doch wieder mal regnen.«

»Auch ein Standpunkt«, meinte der Alte und streichelte den Kopf des Hundes, der auf seinem Schoß ruhte. »Sind alle mitgekommen?«

»Ja. Mawby und Sefton trafen gestern am späten Abend bei mir ein. Sie brachten einen Spurensucher mit. Heute morgen kamen der Doktor und ein Polizeifotograf mit dem Flugzeug aus Broken Hill. Ich selbst habe noch ein paar Eingeborene aus L'Albert mitgebracht. Sieht aus, als ob der Dobermann über dem Berg wäre. Schade um die Kelpies. Sieht Brandt eigentlich gar nicht ähnlich, sie angekettet zu lassen und davonzulaufen. Wahrscheinlich fürchtete er, daß sie ihm folgen und seinen Fluchtweg verraten könnten.«

Midnight Long brachte den Wagen vor der Verandatreppe zum Halten. Eric trat aus dem Haus.

»Mawby gestattet uns großzügig, unser Haus wieder zu betreten«, sagte er leicht verbittert. »Er ist mit Sefton und den anderen draußen. Die Eingeborenen aus L'Albert begraben den Toten hinter der Schurbaracke. Ich habe nicht erlaubt, daß er auf unserem Friedhof beigesetzt wird, und Mawby wollte die Leiche auch nicht mit nach Mindee nehmen.«

»Kann ich verstehen«, meinte Midnight Long trocken.

»Gewiß!« Eric nickte. »Kommt herein. Für das Mittagessen ist es noch zu früh, aber ich habe einen kleinen Imbiß gemacht.«

Sie waren kaum im Wohnzimmer, als Sergeant Mawby und seine Kollegen durch die Hintertür eintraten. Der junge Mann, der nicht wie ein Polizeibeamter aussah und eine braune Tasche trug, mußte wohl der Leichenbeschauer sein. Ein zweiter Mann trug eine Kamera. Als letzter erschien Wachtmeister Sefton, groß, breit und zäh wie ein Mulgabaum. Man stellte sich gegenseitig vor und setzte sich.

»Schön hier«, sagte Sergeant Mawby und blickte die Downers warm an. »Aber dieser Mord – eine dumme Geschichte! So was verdirbt einem den ganzen Tag. Ah, eine Tasse Tee! Ich bitte Sie jetzt schon um ein halbes Dutzend, Eric.«

»Der Mann wurde also ermordet?« fragte John Downer.

»Da besteht nicht der geringste Zweifel. Doktor Truscott meint, daß er mit einem stumpfen Gegenstand erschlagen wurde – mit einem schweren, stumpfen Gegenstand. Ungefähr zwanzig Schläge. Aber niemand scheint zu wissen, wer der Tote eigentlich ist. Sie haben ihn auch noch nie gesehen?«

»Nicht, daß ich wüßte«, erwiderte John.

»Er muß vom Norden gekommen sein. In Mindee ist er noch nie gewesen. Wann sind Sie gestern nach Hause gekommen?«

»Das habe ich Ihnen doch bereits gesagt«, mischte sich Eric ein, woraufhin der Sergeant barsch erklärte, die Frage sei an seinen Vater gerichtet.

»Es muß gegen fünf gewesen sein«, erwiderte der Alte geduldig. »Genau kann ich es Ihnen nicht sagen, ich hatte einen etwas schweren Kopf. Sie werden das sicher verstehen.«

»Und ob!« Mawby lachte über das ganze Gesicht. »Es ist ja auch gar nicht so wichtig. Wichtig ist vielmehr der Zeitpunkt, an dem der Unbekannte getötet wurde. Doktor Truscott glaubt, daß die Tat vor ungefähr einer Woche geschah. Hier ist außer den Krähen alles verdurstet, wie?«

»Den Dobermann konnten wir retten.«

»Dann ist Ihnen also doch noch ein Hund geblieben? Und er war wie die anderen an seiner Hütte festgebunden?«

»Ja. Er steckte in der Hütte. Muß wohl die ganze Woche darin gelegen haben.«

»Ah, das ist interessant. Könnten Sie unter diesen Umständen den Zeitpunkt des Todes nicht etwas genauer festlegen, Doktor?«

»Das wäre nur möglich, wenn ich eine Obduktion vornähme.«

»Aber Doktor, Sie wollen doch die Leiche nicht etwa mit im Flugzeug haben? Ich jedenfalls würde sie nicht nach Mindee mitnehmen.« George Mawby zündete seine Pfeife an. »Schön! Wachtmeister Cliff hat die Bilder gemacht, und Sie, Doktor, können den Totenschein ausstellen. Mr. Long als Friedensrichter ordnet die Beerdigung an. Damit wäre erledigt, was im Augenblick zu erledigen ist. Aber bevor wir wieder abfahren, wird Mr. Downer noch zu Protokoll geben, was er gestern bei seiner Rückkehr hier vorgefunden hat. Einen Bericht über den Einsatz der Eingeborenen erstellen wir ebenfalls. Die können ja mit dem Fingerabdruck signieren.«

»Es wird also noch eine öffentliche Leichenschau stattfinden«, murmelte Midnight Long.

»Selbstverständlich. Und dann wäre hier noch etwas.« Der Sergeant brachte ein zusammengefaltetes Stück Papier aus der Tasche, schob die Tischdecke zurück und entfaltete das Papier. »Dieses Haarbüschel fand ich in der Hand des Toten. Er muß es dem Mörder vom Kopf gerissen haben. Doktor Truscott ist der Ansicht, daß der erste Schlag nicht tödlich gewesen ist. Wir können darum folgern, daß diese Haare im Verlauf einer tätlichen Auseinandersetzung dem Mörder vom Kopf gerissen wurden. Die Unordnung in der Küche beweist deutlich genug, daß ein Kampf stattgefunden haben muß. Wachtmeister Sefton, geben Sie die Personalbeschreibung von Carl Brandt.«

»Ungefähr fünfundvierzig Jahre alt, hundertvierzig Pfund schwer, blondes, an den Schläfen leicht angegrautes Haar, blaue Augen, längliches Gesicht. Spricht mit leicht ausländischem Akzent.«

»Sie sehen also, meine Herren, daß diese Haare nicht von Brandt stammen können«, sagte der Sergeant ruhig. »Sie sind schwarz, und Brandt hatte blondes Haar.«

John Downer, der neben dem Sergeanten saß, beugte sich vor und betrachtete die Haarlocke genau.

»Sie wurden gar nicht ausgerissen«, sagte er scharf. »Sie sind abgeschnitten worden – entweder mit einem scharfen Messer oder mit einer Schere.«

»Genauso ist es, John. Ganz genauso«, sagte Sergeant Mawby und seufzte.

5

John Downer übernahm es, das Mittagessen zu bereiten. Midnight Long war bei ihm in der Küche, Eric und die anderen irgendwo draußen.

»Was halten Sie eigentlich von dieser Haarlocke, Mr. Long?« fragte Downer nachdenklich.

»Was halten Sie denn davon?« wich Long aus.

»Nun ja, diese Haare stammen nicht von Carl Brandt und auch nicht von dem Toten, der war rothaarig. Von Ihnen stammen sie ebenfalls nicht, und ganz gewiß auch nicht von Robinia Pointer. Sie könnten eher von mir sein, aber ich habe nicht ein einziges weißes Haar dazwischen gesehen. Es könnte höchstens eine Locke sein, die mir vor zwanzig Jahren abgeschnitten wurde.«

»Bleiben nur noch die Eingeborenen«, meinte Long.

»Richtig. Aber was haben die mit einem Mord zu tun, der ganz offensichtlich nur uns Weiße angeht? Der Sergeant sagt zwar nichts, aber er zerbricht sich bestimmt den Kopf über diese Haarlocke. Und jetzt will ich Ihnen mal etwas erzählen: Als wir damals diese Farm übernahmen, kam meine Frau auf die Idee, von Eric eine Locke abzuschneiden. Jane befestigte sie auf einem Kärtchen, und dann schnitt sie mir ebenfalls eine Locke ab und heftete sie gleichfalls auf ein Kärtchen. Ich sehe Jane fast vor mir, wie sie strahlend dasteht und in jeder Hand ein solches Kärtchen hält. Erics Haar war hellbraun, meines tiefschwarz. Als Jane starb, sah ich mir einmal ihr – nun, sie nannte es ihr Schatzkästchen – an. Unter anderem lagen die beiden Kärtchen mit den Locken darin. Ich habe dieses Schatzkästchen die ganzen Jahre in Ehren gehalten. Und als ich vor einer Stunde nachsah, stellte ich fest, daß die beiden Kärtchen mit den Haarlocken verschwunden sind.«

Midnight Longs graue Augen waren zusammengekniffen.

»Erinnern Sie sich, ob die Haarlocke auf dem Kärtchen genauso aussah wie die in der Hand des Toten?«

»Ich möchte es annehmen.«

»Dann sollten Sie das aber dem Sergeanten sagen.«

»Das habe ich mir auch schon überlegt.«

»Fehlt sonst noch etwas aus dem Schatzkästchen Ihrer Frau?«

»Eine goldene Uhr mit einem Medaillon auf der Rückseite. Es war ein Hochzeitsbild von uns drin und ein Bildchen von Eric im Alter von vier Monaten.«

»Tja, John, das müssen Sie natürlich alles Mawby sagen. Am besten holen wir ihn gleich. Übrigens – ich habe draußen im Wagen ein paar frische Zwiebeln, die sollten Sie in den Curry schneiden. Ich hole sie mal.«

Als Sergeant Mawby ins Haus trat, saß John Downer am Tisch und rauchte seine Pfeife. Den Curry hatte er vergessen.

»Ich hörte von Mr. Long, daß Sie mir etwas zu sagen haben, John«, begann der Polizeibeamte und setzte sich neben den Alten. Er hörte wortlos zu. Schließlich sagte er: »Dann wollen wir uns mal dieses Kästchen ansehen.«

»Einverstanden. Aber ich möchte nicht, daß Janes Sachen durcheinandergewühlt werden. Nicht wahr, Sie verstehen das wohl?«

»Geht in Ordnung, John.«

Er wurde in das große Schlafzimmer geführt, und der Alte zog unter einem altmodischen Doppelbett ein chinesisches Zedernkästchen hervor. Er hob es auf die dickverstaubte Schondecke des Bettes.

»Nettes Kästchen«, bemerkte Mawby. »Sie haben es anscheinend erst vor kurzem abgestaubt?«

»Ja, vor einer Stunde, als ich danach sah. An sich putze ich es jeden Sonntag. Ich habe extra eine Kamelhaarbürste dafür, und manchmal gebe ich auch noch ein paar Tropfen Öl drauf.«

Mawby stöhnte innerlich, während sein zweites Ich erleichtert aufatmete. Er war der Mühe enthoben, dieses Kästchen erst umständlich nach Fingerabdrücken untersuchen zu müssen. John Downer öffnete den Deckel, und der Duft eines starken, süßlichen Parfüms stieg auf.

»Ich tue es ab und zu hinein«, erklärte der Alte. »Es ist das Parfüm, das Jane immer benützte. Hier sind also ihre Andenken.« Er wickelte die Gegenstände aus dem Seidenpapier. »Goldene Armringe und Broschen und sonst noch allerlei Schmuck. Diese Armbanduhr hat sie mir einmal geschenkt.«

»Und Sie sind sicher, daß eine goldene Uhr und die Haarlocken aus diesem Kästchen entwendet wurden?«

»Ja, ganz sicher.«

Als John das Kästchen wieder unter das Bett schob, hatte der Sergeant eine steile Falte auf der Stirn. Im Nebenzimmer ertönten Schritte, und gleich darauf erschien Eric in der Schlafzimmertür.

»Was höre ich da – dir ist etwas abhanden gekommen?« fragte er seinen Vater mit bestürztem Gesicht.

»Ja, die Uhr deiner Mutter und die Kärtchen mit den Haarlocken«, erwiderte Downer.

»Das könnte die Erklärung sein«, sagte Sergeant Mawby.

»Wie meinen Sie das?« fragte der junge Mann heftig.

»Nehmen wir an, der Unbekannte drang hier ein, als Brandt gerade draußen bei den Schafen war«, erklärte der Sergeant bedächtig. »Brandt bemerkte die Fußspuren, ging ins Haus und überraschte den Fremden, als er dabei war, das Kästchen auszuräumen. Der Mann floh, und in der Küche kam es zu einer Rauferei. Beim Maschinenschuppen schlug

Brandt den Eindringling mit einem stumpfen Gegenstand nieder. Als der Mann stirbt, hält er noch immer die Haarlocke in der Hand. Brandt verliert die Nerven, als er sieht, was er angerichtet hat, packt seine Sachen und flieht. Er stellt zwar das Kästchen unter das Bett zurück, vergißt aber, die Uhr wieder hineinzutun. Wahrscheinlich steckt sie jetzt noch in seiner Tasche, oder er hat sie irgendwo hinterlegt, wo sie später gefunden wird. Auf jeden Fall scheint Brandt in Panik geraten zu sein.«

»Was hat er aber mit dem Reisebündel des Toten gemacht?« warf Eric ein. »Jeder Mensch trägt doch hier seine Decken bei sich. Ich habe schon am Brunnen alles abgesucht, aber keine Deckenrolle gefunden.«

»Dann hat Brandt sie vielleicht mitgenommen, um sie irgendwo im Busch wegzuwerfen«, erwiderte Mawby. »Er wird keine Zeit mehr gehabt haben, das Bündel hier zu verbrennen. Warum er das getan hat? Er wollte wohl verhindern, daß wir den Mann identifizieren. Aber keine Angst, wir bekommen schon heraus, wer es ist. Wir haben Aufnahmen von ihm gemacht, wir haben seine Fingerabdrücke, und der Doktor hat sogar einen Gipsabdruck des Kiefers abgenommen. Ich bin jedenfalls der Ansicht, daß dieser Einbruch das Motiv für die ganze Geschichte ist. Solange wir Brandt nicht haben, müssen wir uns mit dieser Erklärung zufriedengeben.«

»Moment, Sergeant! Vielleicht steckt das Reisebündel im Reservetank über dem Brunnen. Ich will mal gleich nachsehen«, sagte Eric.

»Aber wo sind die Kärtchen geblieben, auf denen die Locken befestigt waren?« grübelte Sergeant Mawby.

»Die kann Brandt ja in den Küchenherd geworfen haben«, meinte John. »Im Kästchen waren sie nicht, und sie lagen auch sonst nirgends im Haus. Eric hat Feuer gemacht, ohne natürlich erst den alten Papierkram auszuräumen.«

Mawby nickte. »Nun, wir werden mehr wissen, wenn wir

Brandt erst gefunden haben. Sie halten inzwischen die Augen offen, John, und geben mir sofort Nachricht, wenn sie noch irgend etwas finden. Für den Augenblick sind wir hier fertig.«

Kurz nach zwölf rief John Downer seine Gäste zu Tisch. Nachdem er sie bedient hatte, brachte er den drei Eingeborenen eine Schüssel Curry, Brot und Marmelade. Um ein Uhr fuhr Mawby mit Sefton und dem eingeborenen Spurensucher ab. Der Doktor kletterte mit dem Fotografen zu Midnight Long in den Lastwagen, und die Eingeborenen hockten sich hinten auf die Ladefläche.

»Hoffentlich bleibt Mawby an der Kreuzung nicht stecken«, meinte John zu Midnight Long, die beide dem Wagen des Sergeanten nachblickten.

»Das würde dem nichts ausmachen, John. Er ist bärenstark und würde den Wagen glatt hinübertragen, zumal auch noch Sefton bei ihm ist. Warten wir ab.«

Der Doktor wollte fünf Schillinge wetten, daß Mawby steckenblieb. Alle beobachteten gebannt, wie der Wagen des Sergeanten unter Zurücklassung einer riesigen Staubfahne den Abhang hinunterfuhr. Auch die Eingeborenen blickten dem Auto nach. Eric jedoch, der hinter dem Lastwagen stand, beobachtete nicht Mawby, sondern die Eingeborenen.

Als sich der eine zu ihm umblickte, bückte sich Eric blitzschnell und malte mit dem Finger eine Figur in den Sand. In den Augen des Schwarzen blitzte es kurz auf, er nickte, und Eric löschte mit der Hand die Figur aus.

Der Polizeiwagen hatte ohne Schwierigkeit die Kreuzung durchquert und das harte, ausgetrocknete Seeufer erreicht, wo er augenblicklich die Geschwindigkeit vergrößerte. Midnight Long und seine Begleiter verabschiedeten sich ebenfalls von den Downers und fuhren ab. Von der Veranda aus beobachteten Vater und Sohn, wie die beiden Fahrzeuge in weitem Bogen dem Seeufer folgten.

»So, mein Junge, das wär's«, brummte der Alte. »Ein Mord

und eine polizeiliche Untersuchung. Man weiß eben nie, was der nächste Tag beschert.«

»Da hast du recht. Das weiß man nie.« Eric zögerte kurz. »Mir ist ganz schwach vor lauter Aufregung. Ist noch was in der Flasche?«

»Ein guter Gedanke. Wir trinken jetzt zusammen einen ordentlichen Schluck, und dann spüle ich ab. Anschließend ist es Zeit für mich, mein Mittagsschläfchen zu halten.«

»Und ich werde inzwischen die Sachen von Rudders Brunnen holen.«

»Häute bitte die Schafe ab, die ich heute morgen getötet habe. Es sind dreizehn Stück. Der Rest war zu weit weg.« Sie gingen in die Küche. »Wo wurde dieser Kerl eigentlich begraben?«

»Hinter der Schurbaracke. Warum?«

»Ach, nur so. Ich bin jedenfalls froh, daß du nicht gestattet hast, ihn auf unserem Familienfriedhof zu beerdigen. Aber einen Zaun müssen wir schon um das Grab machen. Ich werde mich darum kümmern.«

Eric stocherte im Herd. »Also, ich fahre jetzt zu Rudders Brunnen. Du spülst ab.«

Als Eric zurückkam, schlief sein Vater auf der Veranda im Liegestuhl. Wegen der Fliegen hatte er sich ein Taschentuch über das Gesicht gelegt.

»Ich habe dich überhaupt nicht zurückkommen hören, mein Junge. Hat alles geklappt?«

»Gut. Ich habe die Tiere abgehäutet und alles mitgebracht. Hast du eine Ahnung, wie viele jetzt noch übrig sind?«

»Nein. Gestern abend war es zu spät, und heute morgen hatte ich keine Zeit zu einer Zählung.«

»Brandt scheint seine Sache ganz ordentlich gemacht zu haben«, sagte Eric. »Achthundert könnten immerhin noch am Leben sein. Der weite Weg zwischen Weidegrund und Tränke bringt sie um. Ich erwäge ernsthaft, Wasser zu den Futterplätzen zu bringen. Aha, der Mulgatelegraf ist in Betrieb.« Am fernen Horizont hinter dem Lake Jane stieg schwarzer Rauch auf.

»Die Nachricht über den Mord macht die Runde.« John nickte. »Diese Schwarzen brauchen weder Telefon noch Radio.«

»Gewiß, aber wir brauchen es. Wir müssen zumindest ein Telefon haben.«

»Ich glaube auch. Für den Fall, daß hier noch mehr Morde passieren«, brummte der Alte.

Nachdenklich beobachteten die beiden Männer die Rauchsignale am Horizont.

5

Jeder Mensch muß mit seinen Problemen fertigwerden: Für Sergeant Mawby und seinen Assistenten, Wachtmeister Sefton, bestand die berufliche Aufgabe darin, Carl Brandt zu finden. Die Downers hatten die Dürreperiode zu überleben. Während sich die Polizeibeamten über den einzuschlagenden Weg einig waren, hatten die Downers verschiedene Ansichten über die beste Lösung.

Die lange regenlose Zeit hatte die Weideflächen und die Tränkemöglichkeiten so eingeschränkt, daß die noch lebenden Schafe um Rudders Brunnen zusammengezogen werden mußten. Doch im Umkreis von fünf Kilometern um den Brunnen war nun alles restlos abgegrast, so daß die Tiere gezwungen waren, täglich zweimal eine ziemliche Strecke von der Weide zur Tränke zurückzulegen.

Vor seinem Urlaub war Eric täglich mit dem Lastwagen hinaus zu Rudders Brunnen gefahren. Die geschwächten Schafe, die nicht mehr in der Lage waren, zu den Weidestellen zurückzukehren und darum eine leichte Beute für die Füchse und

Krähen wurden, mußten erschossen werden. Man ersparte ihnen damit unnötige Qualen und rettete außerdem die Felle.

Als die Downers in Mindee waren, fuhr Carl Brandt jeden Morgen mit dem Fahrrad hinaus. Jetzt fiel diese Aufgabe wieder Eric zu. Tag für Tag mußte er ein halbes Dutzend schwacher Tiere töten, so daß die Herde laufend zusammenschrumpfte. Der Alte versorgte inzwischen das Haus und kochte.

Am dritten Tag nach ihrer Rückkehr fuhr Eric langsamer als gewöhnlich. Über das Steuerrad gebeugt, beobachtete er scharf den gewundenen Pfad. Nur seine eigenen Reifenspuren waren zu sehen. Plötzlich bemerkte er die Spur einer Schlange, die den Pfad überquert hatte.

Er fuhr so langsam, daß er noch vor dieser Spur anhalten konnte. Er schaltete den Motor ab, stieg aus und lauschte. Nichts war zu hören als das leise Säuseln des Windes, der durch die dichten Zweige der Teebüsche strich.

Er folgte der Schlangenspur und kroch in einen Teestrauch, der ungefähr drei Meter hoch sein mochte. Den kleinen Blättern hatte die Dürre bisher nicht viel anhaben können.

Eine Stunde lang machte sich Eric Downer unter dem Strauch zu schaffen. Als er wieder zum Vorschein kam, verwischte er mit einem kräftigen Zweig des Teestrauches seine eigenen Spuren und die der Schlange. In der freien Hand trug er eine Tüte.

Er stieg in den Wagen und legte den Zweig auf die Sitzbank. Dann rutschte er hinter das Steuer und fuhr in Richtung Rudders Brunnen weiter.

Bei zwei prächtigen Sandelbäumen hielt er nochmals an. Er nahm den Zweig und die Tüte und ging zu einer kahlen Sandstelle. Dort sammelte er Zweige und Äste und machte ein Feuer. Sorgfältig kippte er einen dicken Knäuel langen schwarzen Haares aus der Tüte.

Es qualmte kaum. Als es von den Flammen verzehrt war,

warf er die Tüte hinterher und wartete, bis die Flammen erstarben. Dann bohrte er mit dem Absatz ein Loch, schob die Asche hinein und bedeckte alles mit Sand.

Wieder verwischte er mit dem Teestrauchzweig seine Spuren. Beim Wagen angekommen, warf er den Zweig fort und fuhr zu Rudders Brunnen.

An diesem Morgen mußte er acht Schafe töten und abhäuten. Die Felle hängte er zum Trocknen auf die Gestelle. Aus einem fröhlichen jungen Schafzüchter war ein Schlächter geworden.

Eric Downer hatte sich nie vor harter Arbeit gescheut: Einen Zaun oder einen neuen Schuppen zu errichten, eine Pumpe oder ein Windrad zu reparieren machte ihm Freude. Aber jetzt ließ die gespannte Finanzlage solche Liebhabereien nicht mehr zu, und so blieben lediglich die üblichen Routinearbeiten.

Als er mit einer Ladung Feuerholz zur Farm zurückkehrte, sah er bei dem leeren Hühnerstall einen fremden Lastwagen stehen. Robinia Pointer trat aus dem Haus, um ihn zu begrüßen.

Robinia war ein erfreulicher Anblick. Das schwarzhaarige Mädchen war mittelgroß und von zartem Wuchs, ohne dabei zerbrechlich zu wirken. Sie war eine vorzügliche Reiterin, auch ohne Sattel, und ihre langen, schmalen Hände verstanden es ausgezeichnet, mit Pinsel und Palette umzugehen. An diesem Morgen trug sie eine gepunktete Wollbluse und eine lindgrüne Weste.

Eric stieg aus. Er stand auf dem Trittbrett und blickte hinunter in die großen dunklen Augen mit den goldenen Flecken – diese Augen, die er wohl nie zu ergründen vermochte.

Die Konturen ihres ovalen Gesichtes waren weich, bis auf das kleine, energische Kinn.

»Was hat dich denn zu uns geführt?« fragte er und war wieder versucht, ihre Gedanken zu erraten.

»Ich wollte dich sehen«, erwiderte sie. »Und gleichzeitig eine Kiste mit Küken herbringen, damit euer Hühnerstall nicht länger leersteht. Außerdem ist ein gemeinsamer Freund mitgekommen – Wachtmeister Sefton.«

Er konnte es nicht verhindern, daß ihm die Röte ins Gesicht schoß. Doch seine Stimme hatte er in der Gewalt.

»Was will Sefton denn hier? Wo steckt er?«

»Er ist drinnen bei deinem Vater. Es ist sein Wagen, die Küken stehen hintendrauf. Ich werde dir gleich beim Abladen helfen. Und ich möchte mit dir sprechen.«

»Warum nicht? Ich habe Zeit.«

Sie trugen die Hühner ins Gehege. Keine Küken, wie Robinia gesagt hatte, sondern bereits ausgewachsene Tiere. Ein prächtiger Orpingtonhahn befand sich darunter. Nachdem Eric die leere Kiste wieder auf den Wagen zurückgestellt hatte, holte er Wasser und füllte die Tröge. Er wusch sich und trocknete sich an einem ölverschmierten Handtuch ab.

»Wirklich nett von dir und deinen Eltern, uns zu helfen«, sagte er. »Aber wieso hat dich Sefton hergefahren?«

»Oh, er tauchte heute morgen bei uns auf, und da habe ich ihn mir gleich geangelt.« Das Mädchen betrachtete Eric mit ernsten Augen. Seine abgetragene, aber noch ordentliche Kleidung, der Riß am Unterarm, das glattrasierte Gesicht ...

»Sef sagte, er müsse noch einige Abmessungen vornehmen. Sie haben übrigens herausgefunden, wer der Tote ist.«

»Ja ...?«

»Er heißt Dickson. Paul Dickson alias – ich weiß nicht, wie viele Namen er sich sonst noch zugelegt hatte. Er wurde in Hungerford wegen Schafdiebstahls verhaftet und ist eine Woche, bevor er hier gefunden wurde, aus dem Gefängnis ausgebrochen.«

»Und was ist mit Brandt?«

»Den scheinen sie bis jetzt noch nicht erwischt zu haben. Sef meint, das könne eine Weile dauern, aber kriegen würden sie ihn auf jeden Fall. Dreh mir bitte eine Zigarette.«

Eric holte Tabaksdose und Papier aus der Tasche und rollte

nachdenklich eine Zigarette. Nachdem er Robinia Feuer gereicht hatte, sagte er spöttelnd: »Du scheinst ja dick Freund mit Wachtmeister Sefton geworden zu sein.«

»Dick Freund! Sei doch nicht albern. Ach so, du meinst, weil ich ›Sef‹ sage. Das habe ich bei Papa aufgeschnappt.« Ihre Pupillen wurden tiefschwarz, als sie ihm in die Augen blickte.

»Wo habt ihr diesen Paul Dickson beerdigt?« fragte sie.

»Hinter der Schurbaracke. Warum?«

»Zeig mir das Grab.«

»Du willst das Grab sehen?« fragte er verwundert. Dann zuckte er die Achseln und führte sie hin.

Von der Hintertür aus beobachtete der Alte die beiden, und sein Herz klopfte freudig. Wachtmeister Sefton stand in der Ecke des Maschinenschuppens und lächelte. Na, bei den beiden sieht man ja, was los ist, dachte er und zwinkerte.

Die beiden jungen Leute gingen an der Schurbaracke vorbei und verschwanden. Als sie außer Sicht waren, blieb Robinia stehen. »So, weiter brauchen wir nicht zu gehen. Küß mich. Nimm mich in die Arme und küß mich.«

Eric zögerte. Zweifellos war sie die Stärkere, und je länger er zögerte, um so deutlicher wurde es.

»Ich glaube, wir müssen Schluß machen, Robinia«, sagte er kläglich. »Die Dürre ruiniert uns noch vollkommen. Ich besitze nichts, überhaupt nichts. Wenn es so weitergeht, werde ich bald mit Vater die Farm ohne einen Pfennig verlassen müssen. Es hat also keinen Sinn, dich an mich zu binden.«

»Unsinn. Ich meine – deine Ausflüchte.« Die natürliche Röte schwand aus ihrem Gesicht und ließ es weiß und hart erscheinen. »Du liebst mich. Nimm mich in deine Arme und küß mich.« Sie sprach leise, fast flehend.

»Ich weiß nicht«, erwiderte er. »Ich weiß wirklich nicht.« Er hob zweifelnd die Arme. Doch da lag sie schon an seiner Brust und küßte ihn heiß und leidenschaftlich.

»Oh, Robinia, ich weiß wirklich nicht!« stöhnte er.

6

Es war Anfang November und warm, aber die richtige Hitze stand erst bevor. Der Tag neigte sich seinem Ende zu.

Eric Downer saß auf einer Kiste an einer offenen Seite der Bambusgrashütte an Rudders Brunnen. Gedankenverloren rauchte er vor sich hin. Der Dobermann lag neben ihm. Das Tier hatte sich inzwischen wieder völlig erholt.

Am Fuße des sanften Abhanges stand das Windrad neben dem Brunnen. Dahinter lag ein Wassertrog, der von abgehäuteten Schafen umgeben war. Dann aber dehnte sich die Wüste bis zum Horizont, nur hin und wieder unterbrochen von einigen verdorrten Büschen. Über diese Wüste kamen die Schafe zum Brunnen. Sie näherten sich in mehreren parallelen Kolonnen. Der graue Staub, den sie aufwirbelten, wurde rasch vom Wind verweht.

Aus der anderen Richtung kamen fünf Kühe – eine weniger als gestern –, und sie hielten die Köpfe gesenkt, als trauerten sie dem Bullen nach, der weit hinter ihnen zurückgeblieben war. Spitz standen die Knochen aus ihren abgezehrten Leibern. Die Krähen erhoben sich von den Gerippen an der Tränke und umflatterten mit lautem Gekrächze die neuen Ankömmlinge.

Eric sah den Bullen. Schwerfällig schleppte er sich den Pfad entlang, den die Kühe getreten hatten. Ab und zu blieb er stehen, als müsse er sich überlegen, ob es überhaupt noch einen Sinn habe, weiterzulaufen.

Die Kühe tranken sich voll, dann verließen sie die Tränke. Mühselig versuchten sie wiederzukäuen. Ihr Futter hatte aus Baumrinde bestanden, hin und wieder vermischt mit Zweigen, die der Wind abgebrochen hatte. Und aus ausgebleichten Kaninchenknochen. Sie sahen nicht, wie der Bulle in die Knie sank, wie er verzweifelt vorwärts rutschte, während seine

Kruppe steil in die Höhe stand, und wie er vergeblich versuchte, seinen Kopf zu heben. Und sie bemerkten auch nicht, wie sich eine Krähe auf ihm niederließ.

Er machte einen erneuten, verzweifelten Versuch, in die Höhe zu kommen. Das Krächzen der Krähe klang wie ein Totenglöckchen. Jetzt sank auch sein Hinterteil zu Boden.

Eric nahm das Gewehr und ging zu ihm hinüber. Der Dobermann folgte ihm. Aus sandverkrusteten Augen blickte der Bulle dem Mann entgegen. Er schien um Erlösung zu flehen.

Sie hatten ihn Tiki genannt, als sie ihn vor sechs Jahren in Fort Deakin kauften. Damals war er drei Jahre alt gewesen, strotzend vor Kraft und Gesundheit. Schon nach wenigen Monaten konnte ihn der alte Downer an den Ohren kraulen. Schließlich hatte er einst mit Ochsen gehandelt.

Jetzt trat Eric zu ihm und tätschelte ihn. Der Bulle schloß die Augen und schien zu nicken. Da setzte Eric an und drückte ab.

Die Sonne versank, und der Wind wich einer leichten Brise, die bis zum Morgen anhalten würde. Die Schafe waren nun dicht an der Tränke. Sie liefen in sieben Kolonnen, jede von einem Leithammel geführt. Sie folgten dem Pfad, den die Herde bereits an den vergangenen Tagen getrampelt hatte. Eines der Leittiere war besonders bemerkenswert. Es hatte eine schwarze Schnauze und kam an diesem Abend nur mühsam voran. Trotzdem versuchte keines der folgenden Schafe, sich an ihm vorbeizudrängen.

Eric ging zur Tränke hinüber und betastete die Tiere, ob sich nicht eins zur Auffüllung der Speisekammer eigne. Er fühlte aber nur Haut und Knochen. Die Leittiere hatten sich inzwischen satt getrunken und begannen steifbeinig den Rückweg anzutreten. In einiger Entfernung warteten sie auf die Herde. Ab und zu sackte ein Tier zusammen, und Eric half ihm wieder auf die Beine und holte es aus dem dichten Gedränge heraus.

Der letzte Lichtschein am Horizont begann zu verblassen, als Eric den Wagen abstellte und ein Känguruh in den Fliegenschrank des aus Bambusgras gebauten Fleischhauses brachte. Nachdem er sich gewaschen hatte, setzte er sich zu seinem Vater an den Abendbrottisch.

»Na, hast du ein brauchbares Schaf gefunden?« fragte der Alte.

»Nein. Ich habe ein Känguruh geschossen. Die sind in bedeutend besserer Verfassung als die Schafe.«

John betrachtete verstohlen seinen Sohn. Er sah das vergrämte Gesicht und versuchte, den jungen Mann aufzuheitern.

»Ich hatte heute Besuch. Robinia war hier.«

»Was wollte sie denn?« brummte Eric, ohne aufzublicken.

»Nichts. Sie brachte mir ein kleines Geschenk.«

»So«, meinte Eric ohne jede Neugier. »Hast du gehört, ob Brandt schon gefunden worden ist?«

»Nein, nichts.«

Sie schwiegen wieder, und John betrachtete Eric erneut. Er sah ganz so aus wie auf dem Bild, das Robinia gemalt und ihm heute nachmittag gebracht hatte. Das sorgsam gekämmte hellbraune Haar, die grauen Augen, die ernst auf den Tisch blickten, das eckige Gesicht mit dem energischen Kinn. Wie immer hatte er sein Arbeitszeug gegen Flanellhose und Jackett gewechselt. Der Einfluß der Schule war eben noch sehr stark.

»Hat Robinia denn überhaupt keine Neuigkeiten gehabt?« fragte Eric schließlich.

»Doch. Sie sagt, daß die Hochwasserwelle den Paroo herab Hungerford erreicht hat.«

»Ich meine, etwas Neues in diesem Mordfall«, erwiderte Eric ungeduldig.

»Nein, davon habe ich nichts gehört«, antwortete John. »Robinia sagt, daß im Rundfunk nichts darüber gemeldet worden sei. Übrigens schickt Fort Deakin die letzten Zuchtschafe und Böcke weg. Sie werden zu den Weideplätzen am

Unterlauf des Darling gebracht. Die Pferde sind bereits seit einer Woche dort. Die Pointers behalten nur zwei Milchkühe in L'Albert. Jim macht sich Sorgen über die Zukunft.«

»Er ist nicht der einzige! Und sonst?«

Der Alte lachte. »Im Lager der Eingeborenen hat es eine wüste Schlägerei gegeben. Fred Tonto ist nach L'Albert gekommen. Er sieht aus, als habe man ihn durch den Fleischwolf gedreht. Eine gewaltige Platzwunde am Kopf, zwei Finger gebrochen und nur noch sechs Zähne im Mund. Der Bursche kann kaum noch aus den Augen schauen. Die Pointers pflegen ihn, so gut sie können. Er will nicht nach Mindee gehen und sich die Finger behandeln lassen.«

»Und worum ging die Prügelei?« Eric blickte seinen Vater an und schob den Teller beiseite. »Bestimmt um ein Mädchen, möchte ich wetten.«

»Die Pointers wissen es nicht. Aus Tonto ist kein Wort herauszubringen. Nuggety Jack brachte ihn vom Bohrloch zehn mit.«

Sie schwiegen, bis sie mit dem Essen fertig waren. Dann zündete sich Eric eine Zigarette an und starrte seinen Vater lange an.

»Wir haben auch unsere Sorgen«, sagte er schließlich. »Wir können es uns nicht leisten, unser Vieh in Pension zu schicken, und wir können uns auch manches andere nicht leisten.«

»Der Tag wird kommen, wo es gar keinen anderen Ausweg mehr geben wird, als neue Weideplätze zu suchen«, sagte der Alte mit Nachdruck. »Das Wetter ändert sich nicht, es gibt keine Gewitter, und vor Weihnachten wird es auch keinen Regen geben – wenn die nördlichen Monsune in diesem Jahr überhaupt kommen.«

»Bis Weihnachten werden wir kein einziges Schaf mehr haben«, sagte Eric.

»Und auch keinen Schilling mehr auf der Bank, wenn wir so weitermachen.«

»Jetzt hör mal zu«, knurrte Eric aufgebracht. »Sechs Kilometer von Rudders Brunnen entfernt ist noch Futter genug. Wenn wir das Wasser dort hinschaffen, ersparen wir den Tieren den endlosen Anmarschweg. Zwölf Kilometer täglich mit leerem Magen – das muß die Tiere ja umbringen!«

»Wasser hinschaffen! Womit denn? Die paar Pferde, die wir noch haben, können nicht einmal mehr einen Schubkarren ziehen. Womit willst du also das Wasser transportieren?«

»Mit dem Lastwagen!« Wütend schlug Eric mit der Faust auf den Tisch. »Ich weiß schon, was du jetzt sagen willst: Benzin kostet Geld, und wir haben kein Geld. Wir haben nur noch ein paar Fässer Sprit. Ich weiß – ich weiß! Aber ich sage dir, wir müssen was unternehmen. Verdammt, ich mußte heute abend Tiki erschießen.«

Nach einigen Augenblicken sagte John: »Ich dachte mir's, daß Tiki als erster dran glauben würde. Seltsam, daß die Bullen eher aufgeben als die Kühe. Aber immer noch besser, den alten Burschen zu erschießen, als ihn lange leiden zu lassen.«

»Wir werden die Kühe auch erschießen müssen«, murmelte Eric. »Und die Schafe dazu. Es hat doch keinen Sinn, wenn sie sich zu Tode laufen mit nichts als Wasser im Bauch. Sollen sie sich von den verdammten Krähen totquälen lassen? So kann es nicht weitergehen, das haben die Tiere nicht verdient. Wir müssen sie schlachten, anständig und rasch, und wenigstens die Felle zu Geld machen. Wenn es schon deiner Meinung nach nicht möglich ist, das Wasser zu transportieren.«

»Schon gut, mein Junge, schon gut. Wir müssen uns das alles gründlich überlegen. Reg dich nicht auf. Ich weiß, es ist schrecklich, wenn man zusehen muß, wie die Dürre die Arbeit von Jahren zunichte macht und alles Geld auffrißt.«

»Geld!« wiederholte Eric wütend und funkelte seinen Vater an. »Wovon redest du eigentlich? Ich denke nicht ans Geld, ich denke an die Qualen der Tiere. Was hast du doch für ein Theater mit Tiki gemacht – solange er noch stark und kräftig war! Mir ging es verdammt nahe, als ich ihn heute abend erschießen mußte. Begreifst du eigentlich, worum es geht? In dieser Hölle halten wir fünf Kühe und ein halbes Dutzend Pferde und siebenhundert Schafe dazu. In Tikis Augen stand eine stumme Anklage, und der Angeklagte war ich.«

Er ging hinaus und knallte die Hintertür zu.

Der alte Mann blieb am Tisch sitzen. Sein Herz war zerrissen vom Mitleid für die darbende Kreatur und vom Mitleid für seinen Sohn.

7

Eric Downer war dem Busch verfallen. So, wie manche Männer dem Alkohol gehören, verfallen andere dem Zauber des Busches. Intelligenz hat nichts mit der Vorliebe zum Alkohol zu tun, und genausowenig mit jener Macht, die den Menschen im Inneren Australiens in seinen Bann zieht.

Der alte John Downer war noch lange nicht bankrott, und zu Beginn der Dürreperiode hatte er seinem Sohn zugeredet, wieder in die Stadt zu gehen und sein Studium fortzusetzen. Der wahre Grund seiner strikten Weigerung basierte nicht auf der Tatsache, daß er seinen Vater nicht mit nur einer Hilfskraft allein lassen wollte. Er weigerte sich vor allem deshalb, weil er keinen Ehrgeiz mehr hatte und mit seinem jetzigen Leben voll und ganz zufrieden war.

So hatte der diesjährige gemeinsame Urlaub in Mindee Eric ziemlich kalt gelassen, und schon seit vier Jahren hatte er sich geweigert, wieder einmal in die Stadt zu fahren, um alte Schulfreunde zu besuchen. Er schien auch jedes Interesse an Frauen wie Robinia Pointer verloren zu haben. Jetzt litt er stark unter dem Elend der Tiere, seine Fröhlichkeit war einem mürrischen Wesen gewichen, und er hatte den Drang, allein zu sein.

Nach Johns Ansicht war das beste Gegenmittel Arbeit – viel Arbeit. Sie war wirksamer als kalte Duschen und das ewige Umziehen vor dem Essen. Arbeit und Schweiß, Hitze, Durst und Fliegen würden ihn wieder zur Vernunft bringen.

»Ich bin Schafzüchter«, sagte John zu seinem Sohn. »Ich werde den Tieren nicht die Kehlen durchschneiden, nur weil es mal eine Dürreperiode gibt. Da ist eine andere Idee besser. Du fährst das Wasser zu den Weideplätzen, solange unser Benzin reicht. Wenn es alle ist, werden wir weitersehen.«

Seit Jahren hatte John nicht mehr so entschlossene Worte gefunden. Als Eric erleichtert lächelte, glaubte der Alte, das Problem gelöst zu haben.

Sie fuhren weit hinter Rudders Brunnen und suchten eine Futterstelle aus, wo die Tiere noch genügend Buschwerk finden würden. Hier bauten sie eine provisorische Tränke, zu der man das Wasser mit dem Sechstausendlitertank von Rudders Brunnen herüberfahren würde. Ihre Vorbereitungen dauerten drei Tage.

»So, mein Junge, alles Weitere überlasse ich dir.«

Die erste sommerliche Hitzewelle kam und dauerte fünf Tage. Ihr folgte der erste große Sturm. Eric fuhr Wasser zur neuen Tränke und trieb die Schafe zu der für sie noch ungewohnten Wasserstelle. Nach drei Tagen fanden sie den Weg von selbst, und am Ende des vierten Tages starb nicht ein einziges Tier mehr an Erschöpfung.

Eric war nur mit Hut, Shorts und Stiefeln bekleidet. Trotz der sengenden Hitze schnitt er die zu hoch hängenden Zweige der Salzdornbüsche für die Schafe ab. Für die Kühe schaffte er Sandelholzzweige heran. Die Temperatur lag bei über vierzig Grad im Schatten. Der Wind wehte ununterbrochen Staubfahnen vor sich her, und manchmal verdunkelten Sandstürme die Sonne.

Er versuchte, die Kühe in das neue Lager zu treiben, aber sie waren nicht mehr imstande, die sechs Kilometer zu bewältigen. Die Pferde hingegen witterten das Wasser und wollten unbedingt an der neuen Tränke anstatt bei Rudders Brunnen trinken. Immer wieder mußte Eric sie fortjagen, er brauchte hier jeden Liter für die Schafe. Manchmal schlug er sich nächtelang mit den Känguruhs herum, und war zufällig am Morgen noch etwas Wasser in den Trögen, fielen die Kakadus zu Tausenden darüber her.

Jeden dritten Tag füllte er den Tank des Lastwagens aus dem Benzinfaß nach, das in der Bambushütte bei Rudders Brunnen stand. Ab und zu maß er nach, wie weit der Vorrat noch reichen würde. Es war zum Verzweifeln.

Anfang Dezember bekam er Besuch. Er war gerade dabei, Salzdornzweige zu schneiden, als er das Motorengeräusch hörte. Er eilte zurück zum Lager, der Dobermann ihm dicht auf den Fersen. Dort stand der Lastwagen von Fort Deakin, und Midnight Long und Jim Pointer stiegen aus.

»Na, mehr kann man ja wirklich nicht tun«, rief Long anerkennend.

»Ja, auf diese Weise konnte ich wenigstens die Dezimierung der Herde aufhalten. Was tat mein Alter Herr, als Sie vorbeikamen?«

»Er ist in Mindee bei der öffentlichen Leichenschau.«

»Oh!« entfuhr es Eric. »Wie lange ist er denn schon weg?«

»Fünf Tage«, erwiderte Jim Pointer. »Machen Sie sich keine Sorgen. Robinia kommt jeden Tag nach ›Lake Jane‹ und kümmert sich um die Hühner und alles andere.«

»Ich habe Mawby erklärt, daß Sie im Augenblick hier nicht wegkönnen«, warf Midnight Long ein. »Er sah es auch ein und versprach, Ihren Vater in guter Verfassung zurückzuschicken.«

»Dazu müßte er den Alten Herrn erst mal in den Kneipen finden. Schließlich kennt er ihn ja nicht so gut wie ich.«

»Aber ich kenne ihn besser, als Sie glauben«, sagte Long leise. »Ich kenne ihn schon lange. Er kommt nach Hause, sobald die Verhandlung zu Ende ist. Er weiß ja, wie es hier steht.«

»Das bezweifle ich nicht«, gab Eric zu und warf Teeblätter in das kochende Wasser. Mit einer Handbewegung scheuchte er die aufdringlichen Fliegen aus seinem schweißtriefenden Gesicht. »Ich war in letzter Zeit etwas grob zu ihm.«

»Na ja, schließlich sind harte Zeiten«, meinte Long. »Übrigens haben wir noch eine Neuigkeit: Man hat Carl Brandt gefunden.«

»Na endlich!« rief Eric. »Wo denn?«

»In einem Sandhügel begraben.«

Eric nahm den Kessel vom Feuer und stellte ihn auf den Klapptisch neben dem Zelt.

»In einem Sandhügel begraben?« fragte er schließlich.

»Erzählen Sie's ihm, Jim. Sie haben ihn ja gefunden.«

»Am Fuße des Sandhügels, in der Nähe von Blazers Bassin«, erklärte Jim Pointer.

Blazers Bassin war ein Staubecken. Es befand sich etwa in der Mitte zwischen L'Albert und der Nordwestgrenze von Fort Deakin. Seit über einem Jahr war das Bassin leer.

»Ich war vorgestern draußen, um die Pumpe hereinzuholen«, berichtete Jim Pointer. »Sie kennen doch die Hügel westlich des Bassins, Eric. Wie riesige Wellen schieben sie sich über die Lehmfläche. Ich sah, daß dort ein Schwarm Krähen am Werk war, und darum ging ich hin. Und ich fand Carl Brandt.«

»Verdurstet?« fragte Eric schließlich.

»Er war schon eine ganze Weile tot. Doktor Truscott sagt, daß er auf die gleiche Weise getötet wurde wie Dickson. Er muß wohl am Fuße des Sandhügels verscharrt worden sein. Der letzte Sturm hat die Leiche freigeweht.«

Eric saß auf einer Kiste am Tisch, kaute lustlos an dem Stück Kuchen, das seine Besucher mitgebracht hatten, und starrte aus entzündeten Augen auf die beiden Männer.

»Das kann doch noch nicht alles sein«, murmelte er. »Erzählen Sie weiter. Er hat Dickson erschlagen, und nun soll er selbst erschlagen worden sein. Das kapiere ich nicht.«

»Das versteht niemand«, pflichtete Long ihm bei. »In L'Albert wimmelt es von Polizeibeamten. Sie sind aus Broken Hill und auch Wilcannia gekommen. Der Arzt sagt, daß Brandt ermordet wurde. Es fand sich auch kein Reisebündel bei der Leiche. Auch sein Fahrrad nicht. Nicht einmal seine Wasserflasche – nichts als die Leiche. Wäre nicht sein Schädel eingeschlagen, könnte man annehmen, er habe sich verirrt, sein Bündel, das Fahrrad und schließlich auch die leere Wasserflasche weggeworfen und sei verdurstet.«

Nachdenklich blickte Eric von einem zum anderen.

»Wirklich nett von Ihnen, daß Sie zu mir herausgekommen sind, wo es in L'Albert doch bestimmt drüber und drunter gehen muß.«

»Heute hatten wir nichts zu tun«, erklärte Midnight Long. »Gestern war ich den ganzen Tag mit der Polizei und den eingeborenen Spurenfindern draußen bei Blazers Bassin. Die Schwarzen haben keine Hoffnung, irgendwelche Spuren zu finden. Schließlich sind vier Monate vergangen, dazu diese Sandstürme! Ich dachte mir, wir sollten Ihnen mal etwas Benzin und Öl herausbringen. Wo sollen wir es hinstellen?«

Eric war wie aus allen Wolken gefallen.

»Benzin, Mr. Long?« rief er aufgeregt. »Benzin!«

Über das wettergegerbte Gesicht des Verwalters flog ein Lächeln.

»Ganz recht, Eric. Benzin. Mir imponiert ein Bursche, der sich nicht unterkriegen läßt. Ihr Vater meinte, daß Sie nicht mehr viel Sprit haben könnten. Nein, keine großen Dankesbeteuerungen, bitte. Fort Deakin hat mehr als genug, und Sie können es ja zurückgeben, wenn die Dürre vorüber ist.«

»Hm.« Eric fuhr sich über die Augen. »Ich wüßte auch nicht, wie ich Ihnen im Augenblick danken sollte. Würden Sie die Fässer bei Rudders Brunnen abladen? Ich fahre hinter Ihnen her. Ich muß wieder einen Behälter voll Wasser holen.«

Eine halbe Stunde später fuhren sie los. Der Dobermann lag

wie immer neben Eric auf der Sitzbank. Vor der Bambusgrashütte an Rudders Brunnen wurde abgeladen: fünf Fässer mit je hundertfünfzig Liter kostbarem Sprit! Jim Pointer half Eric, die Fässer in die Hütte zu rollen. Dann versuchte Eric noch einmal, seinen Dank auszudrücken.

»Es ist ja nur geliehen, Eric«, wehrte Long ab und wandte sich an Pointer. »Wir haben doch auch noch etwas Eßbares für ihn, Jim.«

Pointer kletterte auf den Lastwagen und reichte einen Sack und eine Kiste herunter.

»Das schicken Ihnen die Frauen, Eric. Haben Sie etwas auszurichten?«

»Ja, sagen Sie ihnen, daß es mir gutgeht. Sagen Sie ihnen ... ach, Sie wissen schon. Erzählen Sie ihnen nur alles.«

Die Sonne stand im Westen, als er dem Wagen nachsah, der kurz am Gattertor anhielt und gleich darauf in einer Staubwolke verschwand. Eric drehte sich um, trat in die Hütte und betrachtete die Fässer mit dem Benzin und dem Öl. Dann untersuchte er die Kiste und den Sack.

In der Kiste lagen ein großes Stück Kuchen und vier frisch gebackene Hefestuten, einige Dosen Butter und ein Dutzend Eier. Ein Bündel Zeitungen war beigefügt, und auf der obersten stand: »Viel Glück. Robinia.«

In dem Sack fand er zwanzig Pfund Süßkartoffeln, ein paar Möhren, fünf Kohlköpfe und einige köstliche hühnereigroße Passionsfrüchte – alles stammte aus der am Fluß gelegenen Plantage von Fort Deakin. Eric rieb eine Möhre an seinen Shorts ab und aß sie auf.

Er verstaute Kiste und Sack auf dem Lastwagen und fuhr zum Reservetank am Brunnen, um den Wassertank auf dem Lkw zu füllen. Wie ein roter Ball glühte die untergehende Sonne durch den Staubdunst. Der Dobermann sprang in den Trog, und seine Zunge nahm schleckend das Wasser auf. Eric zog Shorts und Stiefel aus und sprang hinterher. Er fühlte sich geradezu übermütig und spritzte den Hund voll, der spielerisch die Zähne fletschte.

Schließlich lief das Wasser im Tank über. Eric zog den Schlauch heraus und verschloß den Tank. In diesem Augenblick sah er die Kühe.

Es waren nur noch drei. Sie standen ein wenig abseits und betrachteten mit stumpfem Blick den Lastwagen, den Mann und den Hund. Das war also der Rest – drei Stück. Eric schloß die Augen, setzte sich hinter das Steuer und drückte auf den Starter. Als er den Gang einschalten wollte, zögerte er. Er starrte durch die Windschutzscheibe auf die weite, eintönige Ebene, über der die Hitze gleißte.

Mit einem Ruck sprang er aus dem Wagen, holte den Sack und öffnete ihn.

Er hielt der am nächsten stehenden Kuh einen Kohlkopf unter die Nase, aber sie nahm nicht die geringste Notiz davon. Er riß ein Blatt ab, hob die Oberlippe des Tieres hoch und rieb das Blatt gegen die entblößten Zähne. Die Kuh reagierte noch immer nicht. Da nahm Eric das Blatt und hielt es der Kuh dicht unter die Nasenlöcher. Jetzt zuckte ihre Oberlippe, und geradezu ungläubig nahm sie das Blatt an. Der Mann hielt ihr den ganzen Kohlkopf vor das Maul, und jetzt endlich begann die Kuh bedächtig zu kauen. Die beiden anderen bekamen ebenfalls ihr Festessen. Die eine Kuh sank sogar zitternd in die Knie, um genußvoller fressen zu können.

Neugierig schnüffelte der Hund an den Kohlresten. Für ihn war das ein beinahe fremder Geruch. Schließlich legte Eric auch noch die Süßkartoffeln in drei Haufen vor die ausgehungerten Kühe. Ihr werdet zwar Magendrücken bekommen, dachte er, aber was ist schon Magendrücken im Vergleich zu einem solchen Fest? Als er den Sack in den Wagen zurücklegte, enthielt er noch fünf kleine Möhren und die Passionsfrüchte.

»Wir wollen lieber losfahren, Blue, sonst bleiben für uns

nicht einmal die Möhren übrig«, sagte er zu dem Hund, und der Wagen setzte sich in Bewegung.

Carl Brandt hatte man also gefunden – mit eingeschlagenem Schädel. Wo führt das noch hin? Die letzten Kühe waren am Eingehen, und die Schafe schwankten wie Gespenster durch den roten Sandstaub. Aber es mußte ja auch irgendwann wieder einmal Regen kommen, und für den Augenblick hatte er genügend Benzin und Öl.

Karmesinrot versank die Sonne am Horizont, als er im Lager beim Wassertrog ankam. Die Schafe waren schon vollzählig versammelt und begrüßten ihn mit lautem Blöken. Die Krähen entschwanden taumelnd in der hereinbrechenden Dunkelheit, und die Känguruhs, die zuerst zwischen den Schafen nicht zu erkennen gewesen waren, lösten sich aus den wolligen Leibern und zogen sich hundert Meter zurück.

Eric hielt am Ende des langen Troges an und ließ Wasser hineinlaufen. Der Hund rannte bellend zum Zelt. Eric mußte zwischen die Schafe springen, um zu verhindern, daß einzelne Tiere von den nachdrängenden niedergetrampelt wurden. Der aufgewirbelte Staub war so dicht, daß er kaum zwei Meter weit blicken konnte. Er trat auf einen Fuchs, der unter dem Trog lag, und das Tier schnappte wütend nach seinem Bein. Er hörte Blue bellen und brüllte ihm zu, sich hinzulegen, obwohl er genau wußte, daß ihn der Hund in dem allgemeinen Tumult gar nicht hören konnte.

»Komm, steht auf! Langsam, so! Nun sauft mal, wie es sich für Ladies gehört!« redete er auf die Schafe ein, denn ihm war leicht ums Herz am Ende eines guten Tages, der ihm Benzin und Öl und neue Hoffnung gebracht hatte.

Als sich die Schafe satt getrunken hatten, legten sie sich in einiger Entfernung von der Tränke nieder und begannen wiederzukäuen. Eric stoppte den Wasserzufluß und trug die Kiste mit den Eßwaren zu dem Tisch neben dem Zelt. Er pfiff überrascht durch die Zähne, als aus dem Zelt ein Mädchen trat. Es war ein Mädchen mit rundem Gesicht und dunklen Augen, in denen das Licht der Sterne blinkte.

8

John Downer kehrte von Mindee ohne die üblichen Nachwirkungen des Alkohols zurück und begann wieder sein Einsiedlerleben zu führen. Robinia kam einmal in der Woche aus L'Albert herüber, kümmerte sich auf rührende Weise um den alten Mann und erkundigte sich nach Eric. An einem Tag im Dezember kam er selbst nach Hause, um ein Ersatzteil für den Wagen und neue Lebensmittel zu holen. Er beklagte sich bitter, daß die Fuchsplage immer größer würde und ihm noch zusätzliche Sorgen bereite.

Die Zeit verging. John verbrachte den ersten Weihnachtstag bei den Pointers. Man aß gekochtes Hammelfleisch mit Kapernsoße. Midnight Long war achtzig Kilometer weit gefahren, um frisches Fleisch heranzuschaffen. Ein Huhn zu schlachten wäre ein glattes Verbrechen gewesen zu einem Zeitpunkt, wo jedes Ei nicht mit Gold aufgewogen werden konnte. Sie hörten Radio und warteten auf Neuigkeiten in der Mordsache, die ihnen schon Jahre zurückzuliegen schien. Jim und seine Frau brachten John am Abend wieder nach Hause. Auf der Fahrt erzählte er ihnen von einer merkwürdigen Entdeckung. Das Kreuz war verschwunden, das er auf Dicksons Grab gesetzt hatte. Unmöglich, daß es vom Sturm weggeweht worden sei – dazu wäre es viel zu schwer gewesen. Er könne sich die Sache nicht erklären.

Zwei Tage nach Weihnachten kam ein Sandsturm, der die Sonne verdunkelte und John im Haus bleiben ließ. Als der Sturm verebbte, fiel Regen – etwa vier Tropfen pro Quadratmeter.

Am Silvesterabend kam Eric für ein paar Stunden nach Hause. Er gab sich sehr fröhlich und weigerte sich, seine Niederlage einzugestehen. Der Sandsturm und die Füchse hatten ihn weitere hundert Schafe gekostet.

Am Nachmittag des Neujahrstages saß John auf der Veranda und beobachtete, wie eine Anzahl Adler auffallend niedrig nach Westen flog. Wie viele Vögel, bleiben auch die Adler in ihrem festen Revier, es sei denn, sie wittern eine Beute. Aber im nördlichen Pferch befand sich kein Vieh, und John war sicher, daß dort auch keine Känguruhs waren.

Das Gebiet, in dem sich die Adler normalerweise aufhielten, lag hinter der Kreuzung. Bald wurde Johns Aufmerksamkeit durch einen schwachen Staubdunst geweckt, der sich dicht über dem sandigen Boden bildete. Das war eigenartig, da kein Wind ging. John holte seinen Hut. Dann ging er hinunter zu der großen Sandbarriere.

Trotz der Stürme waren noch die tiefeingegrabenen Wagenspuren am Strand zu sehen, und in diesen Fahrspuren glitzerte es silbern, manchmal auch golden. Silbern – sollte das etwa Zinn sein? Das wäre ja ein Vermögen wert!

John Downer hastete die Böschung hinab, er bemerkte, daß die ganze Sandbank in Bewegung geraten war.

In ungläubiger Verwunderung kniete der Alte nieder und fuhr mit dem Finger über das glänzende Etwas. Wasser! Verblüfft hielt er sich den nassen Finger dicht vor die Augen. Es gab keinen Zweifel – das Wasser kam.

In den Fahrspuren stieg es immer höher. Es sickerte unter der Kreuzung hindurch. Aus dem fernen Queensland sandte die Regenflut Wassermassen den Paroo hinunter. Der Lake Jane wurde unterirdisch durch den Paroo gespeist. Regen, der vor fünf Monaten fünfzehnhundert Kilometer entfernt gefallen war, flutete nun in das verbrannte, ausgebleichte Land.

Der Lake Jane konnte sich wieder bis zum Rand füllen.

Wie ein Kind zog John Downer einen kleinen Verbindungsgraben zwischen den Wagenspuren, und Tränen traten ihm in die Augen, als das Wasser zu strömen begann.

9

Der Verwalter eines Weidegutes von dreihunderttausend Hektar ist eine Persönlichkeit mit einer gesellschaftlichen Stellung, und wenn er diese Stellung bereits seit dreißig Jahren innehat, dann dürfte er sie sicherlich verdient haben.

Die Farmgebäude von Fort Deakin standen oberhalb von Mindee am Fluß – eine Oase mit Wiesen, Zitrusbäumen und Spalierweinen. Das Herrenhaus besaß zwei Salons und neun Schlafzimmer. In den Anbauten befanden sich die Büroräume und die Zimmer des Personals. Mit der Schurbaracke – bestehend aus vierundzwanzig Buchten –, dem Vorratslager und den verschiedenen Maschinen- und Geräteschuppen erweckte Fort Deakin den Eindruck eines kleinen Dorfes.

Am Abend des sechsundzwanzigsten März saß Midnight Long im Büro an seinem Schreibtisch. Zur Zeit wurde kein Buchhalter beschäftigt. Außer ein paar Farmarbeitern und dem notwendigen Hauspersonal gab es überhaupt keine Hilfskräfte, da weder Schafe noch andere Viehbestände zu betreuen waren. Auch Mr. Long hatte nicht viel zu tun. Seine Tätigkeit beschränkte sich auf ein wenig Verwaltungsarbeit.

Er hatte gerade sein abendliches Telefongespräch mit dem Vorwerk L'Albert beendet, als von Mindee angerufen wurde. Er hob den Hörer ab.

»Mr. Long? Hier spricht Inspektor Bonaparte. Ich rufe von der Polizeistation aus an. Ich wurde beauftragt, die beiden Mordfälle aufzuklären, und darum wollte ich Sie fragen, ob ich eine Weile auf Ihrem Vorwerk L'Albert wohnen kann?«

»Inspektor Bonaparte«, wiederholte Long bedächtig. Irgendwie beeindruckte ihn diese Stimme, die aus der knapp hundert Kilometer entfernten Stadt zu ihm drang. »Sie werden in L'Albert bestimmt willkommen sein. Ich dachte schon, die Polizei hätte das Interesse an diesem Fall verloren.«

»In gewisser Hinsicht stimmt das sogar, Mr. Long. Aber jetzt möchte ich die Sache in die Hand nehmen und die Ermittlungen von Grund auf betreiben. Wenn mich Sergeant Mawby morgen zu Ihnen fährt, könnten Sie mich dann vielleicht nach L'Albert bringen lassen? Die Beamten sind hier im Augenblick etwas überlastet.«

»Ich fahre Sie selbst am Nachmittag hinaus, wenn es Ihnen recht ist, Inspektor.«

»Vielen Dank, das ist sehr liebenswürdig. Vielleicht könnten wir Ihnen die Post mitbringen? Ich übergebe das Gespräch jetzt Sergeant Mawby.«

Da die Post nur zweimal wöchentlich zugestellt wurde, war Long erfreut, als Mawby das Anerbieten des Inspektors wiederholte.

»Ich danke Ihnen für Ihre Hilfsbereitschaft, Mr. Long«, sagte der Sergeant. »Stellen Sie uns Ihre Unkosten in Rechnung. Inspektor Bonaparte meint, seine Nachforschungen könnten eine Woche, vielleicht aber auch ein Jahr dauern. Warum soll die Polizei dafür nicht bezahlen?«

»Wir freuen uns, den Inspektor bei uns zu haben, Sergeant. Habe ich eigentlich seinen Namen schon einmal gehört? Natürlich denke ich jetzt nicht an den Kaiser der Franzosen.«

»Bestimmt ist er Ihnen bekannt. Übrigens, falls ich es morgen vergessen sollte: Meine Frau läßt Mrs. Long für die Arznei danken. Scheint etwas zu helfen. Also – wir fahren morgen früh um acht hier ab.«

Als Long aufgelegt hatte, stopfte er sich nachdenklich seine Pfeife und zündete sie bedächtig an. Dann zog er das Tagebuch zu sich heran und trug in Stichworten die Telefongespräche ein.

Die Ermittlungen wurden also wiederaufgenommen. Und alle hatten geglaubt, der Fall sei ad acta gelegt. Wann war eigentlich die Polizei das letztemal in L'Albert gewesen? Hier stand es: ›Neunter Dezember. Brandts Leiche gefunden. Polizei abgefahren am fünfzehnten Dezember.‹ Und heute war der sechsundzwanzigste März! Drei Monate waren inzwischen vergangen. Drei Monate, die Hitze und Sandstürme gebracht hatten. Was konnte dieser Inspektor denn jetzt noch entdecken wollen? Ein halbes Jahr war seit der Auffindung von Dicksons Leiche vergangen.

Longs kräftige, schlanke Finger blätterten die Seiten des Tagebuchs um. Erster Januar – Neujahr. An diesem Tag hatte sich der Lake Jane wieder gefüllt. Er blätterte weiter. »Pointer berichtete heute, daß am Lake Jane nur noch dreiundachtzig Schafe sind.« Der Eintrag stammte vom elften Februar.

Midnight Long klappte das Buch zu und knipste das Licht aus. Seine Frau saß in dem kleinen Wohnzimmer. Sie strickte und hörte Radio.

»Haben wir eigentlich schon mal etwas von einem Polizeiinspektor Bonaparte gehört?« fragte er.

»Gewiß«, erwiderte sie ohne Zögern. »Elsa schrieb vor zwei Jahren von ihm. Er war einige Wochen bei ihnen, um einen Mord aufzuklären – oder was Ähnliches.«

»Ach ja, richtig. Jetzt erinnere ich mich. Er kommt morgen zu uns.«

»Was? Bleibt er hier? Ich glaube, Elsa schrieb, daß er ein Mischling ist. Elsa schrieb, er sei sehr charmant. Will er draußen in L'Albert den Mörder fangen?«

»Wahrscheinlich«, erwiderte Long trocken. »Dazu sind Polizeibeamte ja da. Sergeant Mawby bringt ihn zu uns, und ich fahre ihn anschließend zu den Pointers. Die Herren werden natürlich mit uns zu Mittag essen.«

»Wie du willst. Ich werde Sarah Bescheid sagen. Hm, ein Mischling vielleicht …« Mrs. Long zögerte.

»Ich habe gehört, daß Mawby ihn mit ›Sir‹ anredete.«

»In diesem Fall ... Ich werde Sarah morgen früh Bescheid sagen.«

Ihre letzten Zweifel schwanden, als man ihr am folgenden Morgen Inspektor Bonaparte vorstellte. Er trug einen Seidenanzug und einen Panamahut. Mrs. Long mußte sich sehr zusammenreißen, um ihre Überraschung zu verbergen, als er sich weltmännisch vor ihr verbeugte.

Sie war beeindruckt von seinen blauen Augen, die eine starke Persönlichkeit verrieten, und als er mit ihrem Mann nach L'Albert abfuhr, stand sie auf der Veranda und winkte dem Auto nach.

»Ich habe bisher kaum eine so von der Dürre heimgesuchte Gegend gesehen«, sagte Inspektor Bonaparte zu Long. »Mawby erzählte mir, daß Sie das gesamte Vieh weggeschickt haben.«

»Ja, auf Pensionsweide. Die Eigentümer des Gutes überlegen schon, ob sie nicht alle Tiere, bis auf die Zuchtböcke, schlachten lassen sollen. Ich kann mich auch nicht erinnern, jemals eine so lang anhaltende Dürre erlebt zu haben.«

»Und auf dem Vorwerk gibt es also kein einziges Pferd mehr.« Der Inspektor lächelte. »Wahrscheinlich werde ich da sehr viel zu Fuß gehen müssen, und dabei werde ich jeden Tag älter.«

»Jim Pointer wird Sie gern überall hinfahren, wohin Sie wollen. Er hat im Augenblick nicht viel zu tun.«

»Dann werde ich ihn bitten, mich nach ›Lake Jane‹ zu bringen. Das sind neunzehn Kilometer, soviel ich gehört habe. Eigentlich sollten Sie hier langsam genug von der Polizei haben.«

»Aber nein«, erwiderte Long ehrlich. »Jeder Besucher – sei er nun von der Regierung oder von der Polizei oder sonst irgendwoher – bringt Abwechslung in die Monotonie unseres Alltags. Die Pointers werden Sie herzlich willkommen heißen.«

Nach einer kurzen Gesprächspause sagte der Inspektor: »Wie ich gehört habe, soll Miss Pointer ein sehr talentiertes junges Mädchen sein.«

»Sie malt gut, ja; spielt auch ausgezeichnet Klavier. Das Mädchen ist in einer Klosterschule erzogen worden. Manche ihrer Bilder sind recht bemerkenswert, wenn auch etwas makaber, möchte ich sagen.«

»Makaber?«

»Na, Sie werden ja sehen. Ein sehr nettes Mädchen auf jeden Fall. Sie weiß, was sie will, ohne überheblich zu sein.«

»Sergeant Mawby deutete an, sie sei mit dem jungen Downer verlobt.«

»Na, das ist wohl etwas zuviel gesagt, Inspektor. Wir glaubten alle, daß es zur Verlobung kommen würde, aber vielleicht hat man sie wegen der Dürre verschoben. Der junge Downer hat sich ja enorm angestrengt, um die Schafe zu retten, aber schließlich mußte er doch aufgeben. Die Dürre hat uns alle fertiggemacht.«

»Wo stecken eigentlich die Eingeborenen im Augenblick?«

»Die Hälfte von ihnen kampiert am Fluß, die übrigen bei Bohrloch zehn.«

»Sie sollten sie mal dazu bringen, Regen zu machen.«

»Habe ich alles schon versucht«, gestand Long mit einem schiefen Lächeln. »Im vergangenen Jahr habe ich ihnen die halbe Welt versprochen, wenn sie Regen machen würden, aber sie wollten mir den Gefallen nicht tun.«

»Vielleicht habe ich mehr Glück, ich will es jedenfalls versuchen. Übrigens – bei der damaligen Untersuchung der Mordfälle durch Sergeant Mawby hatten Sie doch auch zwei eingeborene Spurensucher mitgebracht, soviel mir bekannt ist. Haben Sie eine Ahnung, ob Ihre Eingeborenen mit denen, die Sergeant Mawby mitbrachte, verwandt waren?«

Long dachte nach. »Sie waren eher verfeindet, möchte ich sagen. Anschließend wird ein Neger von seinesgleichen voller

Mißtrauen betrachtet, wenn er für die Polizei als Spurensucher tätig ist. Schließlich sind wir Weißen ja auch der Polizei gegenüber mitunter mißtrauisch.«

»Aber Ihre Schwarzen haben sich immerhin Mühe gegeben, Brandts Fahrrad und Reisebündel zu finden?«

»Ich bin überzeugt davon.«

»Verzeihen Sie, wenn ich die Gelegenheit wahrnehme, Sie anzuzapfen«, sagte der Inspektor lächelnd. »Ich interessiere mich immer für Klatsch, aber ich kann meinen Mund halten. Erzählen Sie mir doch mal etwas von den Downers – alles, was Sie so wissen.«

»Es gibt nichts Nachteiliges über sie zu sagen. Sie sind beide sehr ordentlich. John Downer bekam das Land in den dreißiger Jahren. Er zog damals mit seiner jungen Frau und dem kleinen Eric hinaus zum Lake Jane. Bis das Haus gebaut war, lebten sie in einem Zelt. Damals war der See noch voll Wasser, und die Erträge waren gut. Als nach dem Krieg die Wollpreise steil anzogen, ging es John blendend. Er konnte seinen Jungen aufs College schicken. Eric war begabt und sollte gerade zur Universität, als Mrs. Downer starb. Sie verletzte sich an der Hand und bekam Wundstarrkrampf. Tragisch, hätte nicht sein müssen.«

»Dadurch wurde die Karriere des Jungen abgebrochen?«

»Ja. Er wollte Arzt werden, bestand aber darauf, nach dem Tode der Mutter seinem Vater zu helfen. Er ist genauso ein Kämpfer wie sein Vater, es fehlt ihm aber die Erfahrung. Die junge Generation will alles mit Siebenmeilenstiefeln erledigen. Bei Robinia Pointer ist es im Grunde nicht anders.«

»Glauben Sie, daß die jungen Leute von hier weg möchten?«

»Durchaus nicht«, erwiderte Midnight Long. »Ich will damit sagen, daß sie ein sehr ausgeprägtes Selbstbewußtsein, aber kein Vertrauen zum Land haben. Die Jugend möchte vor allem Sicherheit. Die jungen Leute würden sich nie auf ein

Abenteuer einlassen, so wie wir es noch taten. Am liebsten möchten sie ihr Erbteil noch zu unseren Lebzeiten haben.«

»Und nun warten die Downers wohl wie alle anderen auf Regen? Der See ist doch jetzt wieder voll Wasser?«

»O ja. Das Wasser kam aus Queensland. Im ganzen Land sieht es so verheerend aus wie hier. Es lohnt nicht einmal, die Känguruhs zu schießen, so mager sind sie. Eigentlich hätte ich gedacht, daß Eric sich unter diesen Umständen Arbeit in der Stadt suchen würde, und darum hatte ich schon vorgeschlagen, daß der alte Downer bei den Pointers wohnen sollte, bis die Dürre vorüber ist, aber er wollte nicht. Sie warten – wie wir alle.«

»Dann werde ich gewiß auch von den beiden jede Unterstützung bekommen?«

»Ja, ganz gewiß – solange es keinen Regen gibt. Also lassen Sie die Eingeborenen erst dann Regen machen, wenn es Ihnen ins Konzept paßt.«

»Daran werde ich denken. Der Häuptling heißt Nuggety Jack?«

»Ja. Er ist der Häuptling des hiesigen Stammes. Die Leute brauchen lange, bis sie sich assimilieren. Es sind sehr gerissene Dingo- und Fuchsfänger. Nuggety Jack besitzt sogar einen Wagen. Wenn er kein Geld für Benzin hat, spannt er ein paar Pferde davor und läßt sich durch die Gegend ziehen. Das ist ein Anblick, kann ich Ihnen sagen! Aber jetzt hat er keine Pferde mehr, und darum schläft er nur noch und wartet auf Regen.«

»Hat er Schulbildung?«

»Nuggety Jack? Nein. Seine Frau und ein paar Töchter können lesen und schreiben. Die älteste Tochter ist in mancher Hinsicht bemerkenswert. War eine ausgezeichnete Schülerin in Mindee, spricht sehr kultiviert. Wir hatten Lottee – so heißt sie – eine Zeitlang bei uns in Fort Deakin, aber sie war dort nicht glücklich. Anschließend arbeitete sie in L'Albert, aber auch dort blieb sie nicht lange. Sie sieht entzückend aus, wenn sie ordentlich angezogen ist. Es ist ja heutzutage verdammt schwierig, ein Hausmädchen zu bekommen. Übrigens, ich glaube, Sie kennen meine Tochter?«

»Mrs. Stubbs in Wonleroy? O ja! Ich hielt mich längere Zeit dort auf, und sie und ihr Gatte waren sehr liebenswürdig zu mir. Der Fall, den ich damals zu bearbeiten hatte, war äußerst kompliziert. Die schwierigsten Fälle sind immer jene, in denen die Eingeborenen gegen mich sind. Diese Schwarzen haben unendlich viel Zeit und Geduld, aber zum Glück stehe ich ihnen in dieser Hinsicht in nichts nach. Ich erinnere mich, daß Mrs. Stubbs zwei reizende Kinder hat. Vermutlich sind sie inzwischen schon wieder um ein tüchtiges Stück gewachsen.«

10

In L'Albert saß man nach dem Abendessen noch auf der Veranda beisammen.

Midnight Long war nach Fort Deakin zurückgekehrt, nachdem er dem Inspektor nochmals jede Unterstützung zugesagt hatte. Jim Pointer freute sich offensichtlich darauf, seinem Besucher behilflich sein zu können und auf diese Art ein wenig Abwechslung in den Alltag zu bringen. Mrs. Pointer und Robinia waren ebenfalls von dem Besucher angetan. Sie hatten feststellen müssen, daß Mrs. Longs Lobeshymnen am Telefon durchaus nicht übertrieben gewesen waren.

Die kleine dralle Mrs. Pointer war ein geselliger Mensch, neigte aber dazu, sich von den Meinungen und Ansichten anderer Leute leicht beeindrucken zu lassen. Ihre Tochter hingegen verhielt sich – besonders Männern gegenüber – äußerst reserviert.

Auf Inspektor Bonaparte war sie neugierig gewesen, und sie

mußte sich eingestehen, daß er ihre Erwartungen übertroffen hatte. Die Polizeibeamten, die sie kannte, waren schweigsame, zugeknöpfte Männer. Nur dem jungen Wachtmeister Sefton wandte sie hin und wieder ihr Interesse zu. Sie liebte es, kleine Wortgefechte zu führen, aber oft genug kämpfte sie dabei mit dem Degen gegen Dreschflegel. Dieser Inspektor Bonaparte hingegen schien ein ebenbürtiger Gegner zu sein.

»Hoffen Sie denn tatsächlich, nach so langer Zeit noch Spuren zu finden, die den Fall aufklären könnten?« fragte sie, und ihre Augen glänzten hell im Licht der Karbidlampe.

»Nicht alle Spuren werden vom Sand verweht, Miss Pointer«, erwiderte er mit entwaffnendem Lächeln. »Manche stecken auch im Gedächtnis der Menschen. Es würde uns noch nicht viel helfen, den stumpfen Gegenstand zu finden, mit dem die Morde begangen wurden, wenn wir nicht auch gleichzeitig das Motiv für die Tat entdeckten.« Er schwieg kurz. »Und was begraben ist, kommt ja auch manchmal wieder ans Tageslicht.«

»Klingt grausam«, bemerkte Robinia Pointer. »Mr. Long sagt, daß Sie bis jetzt noch jeden Fall aufgeklärt haben, der Ihnen übertragen wurde. Stimmt das, Inspektor?«

»Kein Mensch kann sich den äußeren Einflüssen entziehen«, wich er aus. »Dazu kommt die Furcht vor dem Unbekannten, vor der Dunkelheit. Und ebenso die Furcht vor der Nacktheit – vor dem Licht. Wenn ich jetzt diese Lampe hier nehmen würde und Ihnen dicht vor die Augen hielte, um Ihre Geheimnisse zu ergründen – würden Sie dieses Licht nicht fürchten?«

»Tun Sie das nicht, Inspektor«, warf Mrs. Pointer ein. »Robinia würde es bestimmt nicht recht sein und mir auch nicht. Und Jim?«

»Ein Kriminalist kann natürlich nicht mit derart drastischen Methoden vorgehen«, fuhr Bonaparte fort. »Sein Erfolg basiert letzten Endes auf Geduld, und meine Geduld ist unerschöpflich. Wir lassen uns viel zu sehr hetzen. Nur die Ungeduld unserer Vorgesetzten, die fortwährend Erfolge von ihren Untergebenen sehen wollen, halten uns oft davon ab, die Gesetzesbrecher mit der nötigen Konsequenz zu verfolgen. Auch meine Vorgesetzten verlangen immer wieder Resultate von mir. Aber ich kümmere mich nicht darum. Ich bin schon einige Male wegen Befehlsverweigerung entlassen worden, aber man hat mich immer wieder eingestellt, weil meine Methode sich letzten Endes stets als die richtige erwies.«

»Sagen Sie, Inspektor – eitel sind Sie wohl gar nicht?« spöttelte Robinia.

»Vermutlich schon«, erwiderte Bonaparte lachend. »Ich mache Ihnen einen Vorschlag: Könnten wir nicht Rang und Familiennamen weglassen? Meine Freunde nennen mich Bony, sogar mein Chef. Als Robinia und Bony könnten wir uns viel besser streiten, denke ich.«

Mrs. Pointer öffnete den Mund, um etwas zu sagen. Ihr Mann lächelte.

»Einverstanden, Bony«, erwiderte Robinia mit schelmisch blitzenden Augen. »Ich freue mich wirklich, daß Sie bei uns sind. Endlich habe ich mal jemanden, an dem ich meine spitze Zunge wetzen kann.«

»Vielen Dank, Robinia.« Er wandte sich an Pointer. »Ich darf Sie hoffentlich mit Jim anreden?« Dann blickte er fragend auf Mrs. Pointer.

Sie kicherte. »Nennen Sie mich ruhig Eva. Heute bin ich zwar keine richtige Eva mehr, aber früher war das anders, nicht wahr, Jim?«

»Bestimmt. Stellen Sie sich vor, Bony, diese Frau hat mich tatsächlich einmal in Versuchung geführt.«

»Wenn ich Sie nun schon Bony nennen soll«, warf Robinia ein, »dann werden Sie mir aber auch Fragen beantworten müssen, die ich einem Inspektor Bonaparte niemals gestellt haben würde.«

»Vielleicht habe ich das sogar gewollt, Robinia. Stimmt es eigentlich, daß Sie malen?«

»O ja«, erwiderte Mrs. Pointer. »Robinia hat –«

»So, Bony, aber jetzt kommt erst einmal meine Frage«, warf Robinia dazwischen.

»Bitte, schießen Sie los.«

»Nein, ich warte doch wohl lieber noch damit. Fragen soll man dann stellen, wenn sie am allerwenigsten erwartet werden. Das ist ja wohl auch Ihre Methode?«

»Ich habe geradezu eine Schwäche dafür«, bekannte Bony mit todernstem Gesicht, worauf Robinia in helles Gelächter ausbrach.

Dieser erste Abend in L'Albert verging Bony wie im Fluge. Ehe man zu Bett ging, wurde verabredet, daß Jim den Inspektor am nächsten Morgen zu Blazers Bassin fahren sollte – dem Ort, wo der zweite Mord geschehen war.

Bevor sie sich auf den Weg machten, studierte Bony eine große Karte des Gebietes. Sie stammte noch aus der Zeit, als Fort Deakin ein doppelt so großes Gebiet umfaßte wie heute. Er prägte sich alle Namen und Entfernungen gut ein.

Der Tag war ruhig und heiß. Die orangefarbenen Hügel flimmerten im Sonnenlicht, die Mulgabäume glänzten schwarz. Gras und Büsche waren vertrocknet, und nur hin und wieder brachten ein Sandelbaum oder eine Kohlpalme Leben in das graue, trostlose Bild.

Das Windrad am Bohrloch zehn war nicht in Betrieb. Aus dem großen Lagerfeuer der Eingeborenen stieg träge der Rauch auf. Unter einer Kieferngruppe standen die Hütten aus Baumrinde, aus Blech und aus Säcken. Die Schwarzen drängten sich in kleinen Gruppen zusammen und beobachteten den näher kommenden Wagen.

»Die Leute halten ihren Platz in Ordnung«, erklärte Pointer dem Inspektor. »Sie machen uns wenig Schereien und fühlen sich hier wohler als auf der Farm.«

»Sie werden wahrscheinlich vom Eingeborenenamt mit den nötigen Nahrungsmitteln versorgt?«

»Ja, sie verdienen sich auch noch etwas hinzu. Nugget Jack ist ein guter Dingofänger. Im Augenblick machen sie dasselbe wie wir – sie warten auf Regen.«

Weder im Lager noch beim Bohrloch herrschte Unordnung. Als Pointer in einiger Entfernung anhielt, traten zwei Männer und eine Schar Kinder vor, um sie zu begrüßen. Zögernd folgten die übrigen Schwarzen, um sich nichts entgehen zu lassen.

Der eine der Männer war klein und kräftig – Nuggety Jack. Der andere groß und dünn. Die Art, wie er sein Haar mit einem Lumpen in die Höhe gebunden hatte, verriet den Medizinmann. Ein dritter Neger kam flink hinterdrein. Er schien uralt, war aber noch sehr behende.

»Guten Tag, Jack! Tag, Dusty! Tag, Fred!« sagte Pointer.

»Tag, Mister Pointer«, ertönte es im Chor. Nuggety Jack machte sich gleich zum Sprecher. »Es bleiben trocken. Nix zu sehen von Regen. Schlimm, schlimm.«

»Ganz recht, Jack. Hast du in letzter Zeit ein paar Dingos gefangen?«

»Nein«, erwiderte der Häuptling. Zwei kleine Kinder klammerten sich an jeden seiner prallen Schenkel.

Seine Worte waren an den Verwalter gerichtet, aber die schwarzen Augen musterten den Fremden. »Sie Polizeimann aus Mindee?« wandte er sich nun an den Inspektor.

Bony rollte sich gerade eine Zigarette und blickte auf. Er machte die Zigarette fertig, zündete sie an und inhalierte tief den Rauch.

»Ich bin hoher Polizeibeamter.« Bonys Hose und Hemd waren khakifarben, er trug eine schwarze Krawatte und einen breitkrempigen Filzhut. Die Schwarzen hatten noch nie einen Polizeibeamten in einem solchen Aufzug gesehen. Der Inspektor hatte beabsichtigt, sie zu beeindrucken, und das war ihm zweifellos gelungen. »Sie sind hier der Häuptling?«

»Ja«, antwortete Nuggety Jack, und jetzt wich sein Blick den blauen Augen des Inspektors aus.

»Und Sie sind der Medizinmann?« wandte Bony sich an den schlanken Mann, der mit Dusty angeredet worden war.

»Bin kein Medizinmann mehr«, behauptete Dusty. »Wir sind jetzt ganz wie weißer Mann.«

»Lügner!« sagte Bony ruhig. »Du hast das Loch in deiner Zunge.« Einige Frauen hatten sich hinter den Männern aufgestellt. Die Männer und auch Dusty lächelten. »Ihr lebt immer hier im Gebiet von L'Albert?«

»Stimmt«, antwortete Nuggety Jack. »Wir gehören zu L'Albert, nicht wahr, Mister Pointer?«

Pointer nickte. Ihm war nicht entgangen, welch tiefen Eindruck der Inspektor auf die Schwarzen machte.

»Ich komme aus Queensland«, erklärte Bony. »Oben in Queensland, wo ich geboren bin, sind der Häuptling und der Medizinmann besser auf Draht. Die legen sich nicht auf die faule Haut und warten, bis der Regen kommt. Ihr grabt jetzt eure Regensteine aus und macht Regen, aber schnellstens. Mr. Long hat Mr. Pointer angewiesen, euch dafür fünf Pfund Tabak und eine Kiste Marmelade zu geben. Stimmt's, Mr. Pointer?«

»Stimmt, Inspektor Bonaparte.«

Die Frauen rückten noch näher an die Männer heran. Ihr Benehmen bewies deutlich, daß sie den Weißen bereits manches abgeschaut hatten. Früher hätten sie sich Fremden niemals zeigen dürfen, und vor allem hätten sie es nicht gewagt, dabeizusein, wenn die Männer eine so ernste Angelegenheit wie das Regenmachen besprachen.

Nuggety Jack bohrte mit der nackten Zehe im Sand und lugte verstohlen zu Dusty hinüber. Der Medizinmann blickte hinauf zum wolkenlosen Himmel, schnüffelte laut und nickte.

»All right, Boß«, wandte sich Nuggety an Pointer. »Wir machen Regen, und Sie geben uns Tabak und Marmelade. Ja?«

»Geht in Ordnung, Nuggety Jack. Und nun macht los und sorgt für Regen. Hallo, Lottee! Kommen Sie doch bitte her.«

Durch den Kreis der Männer trat ein junges Mädchen mit einem Baby auf dem Arm. Für eine Eingeborene war sie hochgewachsen, und sie benahm sich auch nicht wie eine Eingeborene. Bony schätzte sie auf achtzehn, vielleicht zwanzig. Das Kind auf dem Arm konnte nicht ihr eigenes sein, an ihr waren keine Anzeichen einer Mutterschaft zu erkennen, die bei den Frauen dieser Rasse so deutlich zutage treten. Ihre Stimme war dunkel, klar und akzentfrei. »Ja, Mr. Pointer?«

Sie war die einzige Frau, die Schuhe trug. Das einfache rote Kleid stand ihr vorzüglich. Ihre großen dunklen Augen mit den gelben Flecken blickten ernst. Zweifellos stand sie weit über ihren Stammesgenossen, das erkannte der Inspektor sofort.

»Mrs. Long möchte gern wissen, wann Sie wieder nach Fort Deakin kommen«, sagte Pointer. »Marina will einen jungen Mann in Mindee heiraten, und dann hat Mrs. Long kein Hausmädchen mehr. Es gibt den gleichen Lohn wie das letztemal, neue Kleider und so weiter. Das ist doch besser, als bei dieser Trockenheit hier im Busch zu sitzen, meinen Sie nicht?«

»Vater und Dusty sagten eben, daß sie Regen machen wollen«, parierte sie, und ein schwaches Lächeln umspielte ihre Lippen. Sie glaubte nicht, daß ihr Vater Erfolg haben würde. »Aber ich mag auch gar nicht nach Fort Deakin gehen. Meiner Mutter geht es nicht gut, und ... nun, ich mag eben nicht.«

»Schön, Lottee. Ich werde Mrs. Long heute abend Ihren Entschluß mitteilen. Wenn Sie es sich aber doch anders überlegen sollten, dann lassen Sie es mich wissen, ja?«

Sie nickte, und das Kind klammerte sich noch fester an ihren Hals. Sie blickte Bony fest an und fragte ohne Schüchternheit: »Ist ein Inspektor mehr als ein Sergeant?«

»Ja, allerdings. Und es gibt Sergeanten, die mehr sind als andere Sergeanten, warum?«

»Ach, ich wollte es nur wissen.« Wieder flog dieses Lächeln über ihr Gesicht, dann wandte sie sich um und ging zu den Frauen zurück.

Nuggety Jack trat lächelnd vor und erklärte, daß sie schon sehr bald Regen machen würden – und zwar so viel, daß der Boß bestimmt noch eine Büchse Tabak und eine zweite Kiste Marmelade herausrücken würde, damit sie endlich aufhörten, Regen zu machen. Hatte Mr. Pointer vielleicht einstweilen eine kleine Portion Tabak bei sich?

Der Verwalter hatte diese Bettelei erwartet. Eingeborene würden ihre Portion Tabak auch dann schnorren, wenn sie hinter der nächsten Sanddüne eine Tabakfabrik besäßen. Darum hatte sich Pointer einige Stücke Preßtabak eingesteckt, die er jetzt an die Schwarzen verteilte. Damit war ihr Besuch beendet. Auf Nuggety Jacks Gesicht stand ein fröhliches Grinsen, als sich die beiden Männer wieder auf den Weg machten.

Vierundzwanzig Kilometer weiter kamen sie zu Blazers Bassin, einem tiefen Erdaushub am unteren Ende einer seichten Vertiefung. Hinter den hochaufgeschütteten Dämmen befand sich kein Wasser mehr. Im gegenwärtigen Zustand erschien Bony die ganze Anlage von einer trostlosen Öde. Als sie im schmalen Schatten der Hütte saßen, fragte er:

»Glauben Sie wirklich, daß sich die Eingeborenen ernstlich bemüht haben, Brandts Fahrrad und das Reisebündel zu finden?«

»Aber selbstverständlich«, erwiderte Pointer. Für ihn gab es in dieser Hinsicht keinen Zweifel.

»Hatte Brandt Interesse an Eingeborenenfrauen?«

»Das glaube ich nicht. Warum?«

»Ich stelle vielleicht tausend Fragen, Jim, und die Antwort auf eine einzige gibt mir eventuell den Fingerzeig, den ich brauche. War Brandt einmal hier stationiert, um Wasser zu pumpen?«

»Er war vier Monate hier, bevor das Bassin austrocknete.«

»Und wo haben Sie die Leiche gefunden?«

»Drüben am Fuße des Südhügels. Da, dieser abgeflachte Hügel ist es. Wir haben jeden Zentimeter mit Eisenstangen abgesucht, aber wir konnten nichts weiter finden.«

11

Eine Weile später standen sie am Rande des Südhügels. Durch den Wind ausgehöhlt, fiel die Wand steil vor ihnen ab. Wenn sie einen Schritt weiter nach vorn traten, würde der Sand nachgeben und sie würden auf die etwa dreizehn Meter tiefer liegende betonharte Lehmfläche stürzen.

»Mir kommt die ganze Geschichte wie ein Staffellauf vor«, murmelte Bony. »Paul Dickson brach in Hungerford aus dem Gefängnis aus, also dicht an der Grenze von Queensland. Er floh durch den Busch zu einer Zeit, als es nirgends Wasser gab. Die Bassins waren ausgetrocknet, und nur an den Brunnen konnte er Wasser bekommen. Soviel wir wissen, war er niemals zuvor in dieser Gegend gewesen. Er kam nie nach ›Lake Jane‹, wo er von Carl Brandt überrascht wurde. Brandt erschlug ihn, packte Dicksons und sein eigenes Bündel auf das Fahrrad und fuhr, genauso wie Dickson vorher, nach Süden. Als er hier anlangte, wurde er erschlagen, und sein Mörder nahm das Fahrrad und die Reisebündel an sich. Wenn wir nun annehmen, daß auch dieser Unbekannte die südliche Route weiterverfolgte, dann müßte er nach Broken Hill und schließlich nach Adelaide gekommen sein. Ein Staffellauf, wo bei der Übergabe der Tod zugegen war.«

»Klingt nicht schlecht«, mußte Pointer zugeben.

»Vergessen wir nicht, daß Carl Brandt ein Hundenarr war. Es erscheint mir deshalb sehr zweifelhaft, daß er die Hunde angekettet und die Hühner ohne Wasser gelassen hätte, wenn es ihm möglich gewesen wäre, die Tiere zu versorgen. Da er selbst ermordet wurde, müssen wir annehmen, daß er ›Lake Jane‹ überstürzt verließ, weil er bedroht wurde – ob nun von Dicksons Mörder oder von einem Zeugen der Tat, wollen wir dahingestellt sein lassen. Jedenfalls wurde er hier an dieser einsamen Stelle überwältigt. Sein Mörder fuhr mit dem Fahrrad und den Reisebündeln davon. Wie klingt das?«

»Ganz vernünftig.« Pointer nickte. »Das war jedenfalls die Ansicht der Polizei.«

»Richtig. Und genauso war es beabsichtigt. Die Polizei sollte zu diesem Schluß gelangen. Na, wie klingt diese Theorie?«

Der Verwalter musterte nachdenklich Bonys Profil.

»Das könnte der Wahrheit näher kommen«, sagte er schließlich. »Übrigens habe ich auch eine Theorie. Hören Sie zu: Brandt war, wie Sie ganz richtig feststellten, ein Hundenarr. Er selbst besaß zwei Hunde. Als er den Job in ›Lake Jane‹ antrat, ließ er sie bei mir mit der Begründung, die Downers hätten vermutlich genug damit zu tun, ihre eigenen Hunde satt zu bekommen. Nehmen wir einmal an, daß dies nicht der wahre Grund war. Daß er sich mit Dickson in ›Lake Jane‹ treffen wollte, um den Mann vorsätzlich zu töten. Dann wären ihm seine eigenen Hunde zweifellos hinderlich gewesen und ihm bei seiner anschließenden Flucht gefolgt. Nachdem er Dickson umgebracht hatte, tauchte plötzlich ein Freund des Ermordeten auf, irgendein Fremder, Unbekannter. Brandt mußte Hals über Kopf flüchten, fand keine Zeit mehr, sich um die Tiere zu kümmern, und hier an dieser Stelle ereilte ihn sein Schicksal.«

»Durchaus denkbar. Genauso denkbar wie jede andere Theorie, Jim. Es ist ein verzwicktes Problem. Und das ist auch der Grund, weshalb ich mich für den Fall interessiere. Wie weit ist es eigentlich von hier bis ›Lake Jane‹?«

»Achtundzwanzig Kilometer.«

»Unebenes Gelände?«

»Ziemlich. Eine Menge Sandverwehungen. Trotzdem hat die Polizei unter Mithilfe der Schwarzen das ganze Gebiet sorgfältig nach dem verschwundenen Fahrrad und den beiden Reisebündeln abgesucht.«

»Bei Regen ist die Strecke wohl besser befahrbar?«

»Unbedingt.«

»Von hier aus wären es dann dreiunddreißig Kilometer bis Jorkins Soak auf der Straße nach Broken Hill. – Fahren wir jetzt nach L'Albert zurück. Ich denke, daß wir morgen ›Lake Jane‹ einen Besuch machen werden.«

Sie stiegen in den Wagen und folgten dem Buschpfad zum Bohrloch zehn.

»Zu dem Zeitpunkt, als die Männer getötet wurden, war es kühl und windig«, sagte Bony nach einer Weile. »Brandt hat früher einmal hier draußen die Pumpen bedient. Zweifellos hat er bei dieser Gelegenheit auch Füchse und Känguruhs geschossen, wegen der Felle. Long hat mir erzählt, daß er kein besonders guter Reiter gewesen sei, auch kein guter Buschmann. Glauben Sie, daß er trotzdem den Weg quer durch den Busch von ›Lake Jane‹ zu Blazers Bassin gefunden haben könnte?«

»Tja, er muß es doch wohl irgendwie fertiggebracht haben, oder?«

»Weichen Sie mir bitte nicht aus.«

»Damals hätte er es schon geschafft. Jetzt natürlich nicht, die Luftspiegelungen würden ihn irregeführt haben. Sie täuschen erfahrenere Leute, als er es war. Warum fragen Sie?«

»Um ein besseres Bild zu bekommen. Aber es wird durchaus nicht klarer.«

»Sie haben recht, Bony«, sagte Jim Pointer. Dann fügte er hinzu: »Ich bin in Wilcannia geboren und ging dort zur Schule. In Adelaide habe ich meinen letzten Schliff bekommen. Seitdem arbeite ich hier im Busch, und ich glaube von mir behaupten zu können, jeden Sandhügel in Fort Deakin und den umliegenden Farmen wie meine Westentasche zu kennen. Ich habe mir über den Fall den Kopf zerbrochen, und ich kann mich an andere ebenso geheimnisvolle Fälle erinnern, die nie gelöst wurden. Wenn Sie dieses Verbrechen aufklären, sind Sie ein Hexenmeister.«

»Die Zeit arbeitet für mich, Jim. Was durch die Zeit verwischt wurde, wird durch die Zeit auch wieder ans Tageslicht gebracht werden. Viele Menschen verschwanden, seit die Weißen nach Australien kamen. Sandhügel und Sanddünen sind durch den Wind weggeweht worden und haben Gräber freigegeben. Neunundneunzigmal sind Viehhüter durch ein schmales Stück Busch geritten, und beim hundertstenmal fanden sie ein Skelett, das seit Jahrzehnten an dieser Stelle lag. Halten Sie mich ruhig für primitiv, das macht mir nichts aus. Ich behaupte, der Busch hat seine eigenen Gesetze. Er unterstützte die Mörder von Dickson und Brandt, indem er ihnen einen Vorsprung gab, bis man die erste Leiche fand. Monate dauerte es, bis der zweite Tote entdeckt wurde. Sicherlich haben die Geister des Busches über die Polizei, über den weißen Mann gelacht. Über mich werden sie nicht lachen. Ich habe unendlich viel Geduld.«

Jim Pointer lenkte den Wagen am Bohrloch zehn vorüber.

»Eigentlich müßten Sie sich mit Robinia ausgezeichnet verstehen. Sie redet manchmal genau wie Sie. Ich habe sie schon oft genug ertappt, wie sie einen Baum anstarrte oder auf einer Düne saß und in die Ferne blickte. Dann ist sie völlig abwesend und weiß nicht, was um sie herum vorgeht. Sie müssen sich mal ihre Bilder ansehen.«

»Gern. Ist sie eigentlich glücklich hier? Heutzutage wollen die jungen Mädchen doch Geselligkeit und in der Großstadt wohnen.«

»Wir haben nicht das Gefühl, daß sie hier unglücklich ist. Und ich habe auch nicht den Eindruck, daß sie Liebeskummer hat. Sie hat sich mit Eric Downer immer blendend verstanden, aber die Dürre hat ihn sehr getroffen.« Pointer schwieg kurz, und Bony ließ seinen Gedanken freien Lauf. »Sie werden wohl schon bemerkt haben, daß Robinia einen ausgeprägten Willen hat. Sie ist es gewohnt, die Angestellten und Eingeborenen herumzukommandieren. Neuerdings habe ich den Eindruck, daß sie überhaupt alle Männer für kleine Jungens hält. Vielleicht können Sie ihr diesen Spleen gelegentlich ausreden.«

»Ich will sehen, was ich tun kann, Jim. Ich muß allerdings gestehen, daß ich es manchmal begrüße, wenn man mich nicht ganz für voll nimmt und in die Defensive treibt. Das schärft den Geist.«

»Na, mein Fall ist das nicht. Ich habe andere Sorgen.«

»Dieser Eric Downer – finden Sie ihn eigentlich sympathisch?«

»Sehr. Wir haben ihn alle gern. Er hat Mut und Verstand. Der alte Downer schickte ihn auf ein sehr gutes College in Melbourne. Als seine Mutter starb, hängte er sein Studium an den Nagel und kam nach Hause.«

»Er bedauerte natürlich, ein solches Opfer bringen zu müssen – wenn es überhaupt ein Opfer war?«

»Das glaube ich nicht. Im Augenblick leidet er furchtbar unter dieser Dürre, die uns alle auf den Rücken gelegt hat. Er mußte den Traum aufgeben, ein berühmter Arzt zu werden; und nun hatte er einen neuen Traum – ein großer Schafzüchter zu werden. Natürlich ist er stolz darauf, in einem guten College gewesen zu sein. Er hat die Schule noch nicht vergessen. Bei manchen Gelegenheiten holt er seine alte Schülermütze wieder hervor, und in seinem Zimmer hängen Trophäen und Preise, und was sonst ein junger Kerl, der in der Schule gut abschneidet, so alles bekommt. Normalerweise aber hat er das Zeug weggeschlossen und schaut es sich nur äußerst selten einmal an. Sie verstehen, was ich Ihnen damit sagen will?«

»Selbstverständlich«, erwiderte Bony. »Vielleicht ist es gerade dieser kleine Junge in ihm, der Robinia anzieht.«

»Da könnten Sie recht haben.«

»Vielleicht ist sie sogar die richtige Frau für ihn, Jim. Viele Männer wollen bemuttert werden. Und die Geschichte hat mehrmals bewiesen, daß zahlreiche große Männer nur durch ihre Frauen zu dem wurden, was sie später waren. Auch ich gehöre dazu. Wenn Maria, das ist meine Frau, zu mir sagt: ›Tu dies‹ oder ›Tu jenes‹, dann gehorche ich und wähle den Weg des geringsten Widerstandes.«

»Ausgerechnet Sie! Ich glaube Ihnen kein Wort. Sie sind ein ganz anderer Kerl als ich.«

»Und ich glaube auch nicht, daß Sie so sind, wie Sie sich hinstellen.«

»Dann sind wir also beide Lügner.«

»Da mögen Sie recht haben.« Bony lachte. »Nach dem, was Sie mir über Ihre Robinia und Eric Downer erzählt haben, scheinen die beiden ein ausgeprägtes Selbstbewußtsein zu haben, aber kein Vertrauen zu ihrer Umwelt. Eines Tages werden sie schon schlau werden, wenn der gesunde Menschenverstand die Oberhand gewinnt. Und ich denke, daß Robinia gesunden Menschenverstand besitzt. Schließlich ist dies die erste Dürre, die die jungen Leute erleben, und wenn sie überstanden ist, werden sie bedeutend mehr Lebenserfahrung besitzen.«

»Ja, eine solche Dürreperiode kann ein recht guter Lehrmeister sein.«

In L'Albert angekommen, war es Zeit zum Nachmittagstee. Man saß auf der Südveranda, und Pointer schlug vor, Robinia solle dem Besucher einmal ihre Bilder zeigen.

»Ein Teil ist geradezu schrecklich, Bony«, sagte Mrs. Pointer. »Trotzdem sind es ganz gute Arbeiten. Die Schwestern im Internat wollten unbedingt, daß Robinia ihre Studien fortsetzt. Verstehen Sie was von Bildern?«

»Nein«, erwiderte Bony. »Aber wenn ich einen Musiker bezahle, dann wähle ich mir auch die Musik aus.«

»Aha, jetzt soll ich mich wohl entrüsten!« Robinia lachte. »Den Gefallen tue ich Ihnen nicht. Ihnen werden manche meiner Bilder nicht gefallen, aber ich bin überzeugt, daß Sie sie verstehen werden. Wollen wir nun in die Schreckenskammer gehen?«

»Gern.« Er folgte dem Mädchen zum Ende der Südveranda. An dieser Stelle hatte man sie verglast und durch geschickt arrangierte Vorhänge ausgezeichnete Lichtverhältnisse geschaffen. Robinia zog einen Vorhang beiseite, und die Nachmittagssonne flutete herein und bildete ein scharfumrissenes Quadrat auf dem Fußboden. An der rückwärtigen Wand hingen die Bilder wie in einer Gemäldegalerie nebeneinander.

»Dies hier ist einer meiner ersten Versuche«, erklärte das Mädchen leise. Sie standen vor einem Bild, das einen blühenden Eukalyptusbaum mit einer Pferdegruppe zeigte. Der Baum und die Pferde waren gut gelungen, nur mit den Farben schien Bony nicht ganz einverstanden, und er sprach dies auch offen aus.

»Oh, ich liebe eine ehrliche Kritik«, erwiderte das Mädchen. »Und was halten Sie von diesem hier?«

Es waren noch verschiedene Bilder da, die alle aus der gleichen Periode zu stammen schienen. Als Bony weiterging, stand er plötzlich vor einem Gemälde, das offensichtlich sehr viel später entstanden war. Es zeigte einen in Lumpen gehüllten Mann, der durch die Wüste rannte. Die Sonne warf schwarze Schatten auf den Boden. An der Seite befand sich ein offenes Grab. Die Arme des Mannes waren erhoben, sein Blick zum Himmel gerichtet. Hinter der Gestalt stand ein vertrockneter Baum, der die Züge einer Eingeborenen trug, die mit aufgeblähten Backen feurige Pfeile in den Nacken des Mannes blies. In weiteren Räumen erkannte man Männer und Frauen, die ihre Augen bedeckten, wohl um diese Szene nicht mit ansehen zu müssen.

Bony blickte Robinia an und hob fragend die Brauen.

»Der Geist der Wüste erschlägt einen Mann. Ich habe das Bild ›Der Narr‹ genannt.«

Das nächste Bild zeigte offensichtlich die Stelle bei Blazers Bassin, wo man Brandts Leiche gefunden hatte. Die steile Sanddüne war so meisterhaft gemalt, daß man glauben konnte, sie würde jeden Augenblick nach vorn zusammenbrechen. Ein Kaninchen bemühte sich, die steile Böschung hinaufzuklettern, während am Fuße der Düne ein Hund den Sand unterhöhlte, so daß das Kaninchen jeden Augenblick heruntergerissen werden mußte. Unwesentliche Einzelheiten waren fortgelassen, und Bony hielt mit Lob nicht zurück.

»Und was hat dieses hier zu bedeuten, Robinia?«

»›Eine Blume nährt eine Biene‹. Ein Beispiel für zeitgenössische Kunst.«

»Na, dieses Bild würde ich mir nicht kaufen.«

»Viele Leute verstehen eben nichts davon«, erwiderte Robinia lächelnd. »Sie bezahlen lediglich den Titel.«

»Diesen Gedanken sollten Sie einmal auf Leinwand bringen. Sie könnten das Bild dann ›Ein anderer Narr‹ nennen. Dies hier gefällt mir. Wie der Wind durch die Bäume fährt, wie der Sand auf dem Kamm der Düne aufgewirbelt wird! Was haben Sie eigentlich im Augenblick auf der Staffelei?«

»Das wird Ihnen nicht gefallen, Bony.«

»Oh, warum nicht?«

»Sie werden das Thema ablehnen. Ich begann das Bild vor Monaten, aber es wäre mir trotzdem lieber, wenn Sie es sich nicht ansehen würden.«

In ihren Augen stand Herausforderung, und als sie erkannte, daß Bony dies bemerkt hatte, wandte sie sich ab und sprach von einem anderen Bild.

»Gestatten Sie, daß ich das Tuch lüfte?«

»Die Verantwortung tragen Sie selbst.«

Bony schlug das Tuch von der Staffelei und trat einige Schritte zurück, um das Bild besser betrachten zu können. In der Mitte zog sich vom Vordergrund bis zum Hintergrund eine Nebelbank. Rechts war ein junger Mann mit einem Pferdegeschirr zu sehen, der die Nebelbank erreichen wollte. Er wurde jedoch von einer Gruppe Weißer daran gehindert, die ihn mit dünnen Schnüren gefesselt hatten. Auf der anderen Seite bemühte sich ein nacktes Eingeborenenmädchen ebenso verzweifelt, die Nebelbank zu erreichen. Auch sie wurde auf ähnliche Art von ihren Leuten zurückgehalten, die als Tiere und Vögel dargestellt waren. Die Gesichter der beiden jungen Menschen zeigten leidenschaftliche Zuneigung, während die Gesichter der übrigen Schrecken und Verzweiflung ausdrückten.

»Und wie nennen Sie dieses Bild?« fragte Bony barsch.

»Kipling: ›Niemals werden sie sich finden‹.«

»Ein ausgezeichneter Titel! Aber Orient und Okzident finden sich ziemlich häufig.«

»Niemals seelisch-geistig.«

»Kipling hat sich geirrt und Sie ebenfalls. In mir zum Beispiel trifft sich Ost und West. Warum haben Sie dieses Bild gemalt?«

Sie wich seinem forschenden Blick nicht aus.

»Ich hatte Sie gewarnt«, entgegnete sie. »Ich begann das Bild zu malen, als uns ein Besucher die Geschichte eines Weißen und eines schwarzen Mädchens erzählt hatte. Die Eltern der beiden hatten alles versucht, sie voneinander zu trennen, doch der junge Mann lief von zu Hause weg. Man fand die beiden, an einen Baumstamm gebunden – der Baum trennte sie. Sie waren tot. Und kein Mensch wird je herausfinden, ob der Mörder weiß oder farbig war.«

»Ich weigere mich, deshalb deprimiert zu sein oder Kipling Glauben zu schenken. Am besten gefällt mir das Bild, auf dem der Wind durch die Bäume fährt und den Sand auf der Düne hochwirbelt.«

12

Jim Pointer brachte den Wagen vor dem Herrenhaus am Lake Jane zum Stehen. John Downer trat auf die Veranda, und Eric kam vom Maschinenschuppen herüber. Der Dobermann erkannte Pointer, Bony hingegen betrachtete er voller Mißtrauen.

»Dies ist Inspektor Bonaparte, John«, stellte Jim Pointer vor. »Er ist für ein paar Tage – oder Jahre! – bei uns zu Gast. Kommt ganz darauf an, wie sich alles entwickelt. Eric, darf ich Sie mit Inspektor Bonaparte bekannt machen?«

»Freue mich, Sie kennenzulernen, Inspektor«, sagte der alte Downer. »Besser ein Polizist als ein wolkenloser Himmel. Kommen Sie herein. Ich habe das Auto gehört und schon Teewasser aufgesetzt. Ein wundervoller Tag heute – wenn es regnen würde. Wie steht es denn bei Ihnen?«

»Auch nicht besser.«

Ganz gleich, welche Tages- oder Nachtzeit gerade war, ein Besucher wurde genötigt, eine Kleinigkeit zu essen und eine Tasse Tee zu trinken. Aus Kaffee machte man sich nichts. Kaffee trinkt man nur in einem Restaurant, wo man ihn mit Rum oder Gin hinunterspülen kann.

»Selbstverständlich!« willigte John ein, als Pointer vorschlug, daß Bony ein paar Tage in ›Lake Jane‹ bleiben solle. »Wir leben im Augenblick zwar nicht in Saus und Braus, aber wir haben genügend Wasser, wie Sie ja selbst sehen. Wir hatten gerade eine kurze Pause gemacht, als Sie bei uns eintraten ...«

»Eine Pause gemacht ...!« brummte Eric wegwerfend und musterte den Inspektor. »Und wie steht's bei Ihnen, Jim?«

»Genau wie hier. Nichts zu tun, Eric. Wir rauchen und warten auf Regen. Er wird ja bald kommen. Der Inspektor hat Nuggety Jack und Dusty überredet, ihre Regensteine auszugraben und Regen zu machen.«

»Und sie haben eingewilligt?« fragte John. Er war plötzlich sehr ernst.

»Jawohl, sie wollen sich an die Arbeit machen«, erwiderte Pointer. »Wir haben ihnen fünf Pfund Tabak und eine Kiste Marmelade versprochen. Dafür werden sie eine ganze Woche lang singen.«

»Die werden ein Jahr lang singen, und wenn es dann Regen gibt, werden sie behaupten, es sei ihr Verdienst«, brummte Eric verächtlich, doch sein Vater verteidigte die Eingeborenen.

»Ich will dir mal was sagen, mein Junge. Die Schwarzen singen erst dann ihre Regensteine an, wenn sie ganz sicher sind, daß auch wirklich Regen kommt.«

»Und was halten Sie davon, Inspektor?« fragte Eric. Bony glaubte in den grauen Augen des jungen Mannes Rassendünkel zu lesen. Er erinnerte sich, was Pointer ihm über Erics Schulbildung gesagt hatte, und konterte sofort.

»Ich weiß leider nichts von den Eingeborenen. Sehen Sie, ich wurde als kleines Kind neben meiner toten Mutter unter einem Sandelbaum gefunden. Man erzählte sich, daß meine Mutter getötet wurde, weil sie sich mit einem Weißen eingelassen hatte. Ich kam auf eine Missionsstation, wo die Schwestern für meine Erziehung sorgten. Ich besuchte die höhere Schule und die Universität und ging schließlich zur Polizei. Dadurch hatte ich keine Gelegenheit, die Bräuche und Riten der Eingeborenen kennenzulernen.«

»Oh, Sie haben die Uni besucht? Wo denn, Inspektor?«

»Brisbane.«

»Sie Glückspilz. Erlangten Sie einen akademischen Grad?«

»Das Bakkalaureat.«

»Sie Glücklicher!« Erics Gesichtsausdruck verriet jetzt deutlich Anerkennung und Bewunderung. »Schön, daß wir Sie bei uns haben. Wir könnten mal eine kleine Gehirnwäsche brauchen – im besten Sinne des Wortes natürlich. Und wie geht es bei Ihnen zu Hause, Jim?«

»Meine Frau klagt wieder über Kopfweh«, erwiderte Pointer. »Mrs. Mawby und eine ganze Reihe anderer Leute haben die gleichen Beschwerden.«

»Ich wußte ja, daß es so kommen mußte«, knurrte John. »Wie kann man auch die Kaninchen mit Bazillen ausrotten wollen! Schließlich müßte einem ja die Vernunft sagen, daß man die Tiere nicht krank machen kann, ohne daß die Menschen ebenfalls etwas davon abbekommen. Früher hat niemand jemals mit den Stirnhöhlen oder den Augen zu tun gehabt. Das ist erst, seit man die Kaninchen mit Myxomatose auszurotten versucht.«

»Myxomatose ist eine Krankheit, die nicht ansteckend auf den Menschen wirkt.«

»Das erzählen uns die Quacksalber!« ereiferte sich John. »Ich habe Mrs. Mawby und auch noch ein paar Kinder in Mindee gesehen – genau die gleichen Symptome. Geben Sie mir recht, Jim?«

»Vielleicht, John. Aber trotz allem wollen wir nicht vergessen, daß durch die Ausstreuung der Bazillen die Karnickel ziemlich dezimiert wurden. Jetzt hat die Dürre natürlich den Rest besorgt. Aber das Viehzeug wird wiederkommen, und dann werden die Quacksalber etwas anderes ausprobieren. Wenn wir dann morsche Knochen und Blutarmut bekommen, werden sie uns noch die Schuld dafür in die Schuhe schieben.«

»Aber Sie wollen doch nicht etwa für die Erhaltung der Kaninchen plädieren!« warf Bony ein.

»Selbstverständlich«, erwiderte der alte Downer. »Sie sind die Nahrung des armen Mannes. Solange es Kaninchen gibt, braucht kein arbeitender Mensch und seine Kinder in Australien zu verhungern.«

»Wenn man dich so hört, müßte man glatt annehmen, daß du dich auch zu den arbeitenden Menschen zählst«, spöttelte Eric.

»Selbstverständlich zähle ich mich dazu.«

»Irrtum! Du bist ein großartiger Viehzüchter ohne ein einziges Schaf. Also halt lieber die Klappe.«

Der Zorn schwand aus den braunen Augen des Alten, und langsam breitete sich ein Lächeln über das dunkle Gesicht.

»Ein Viehzüchter! Dann zum Teufel mit dem arbeitenden Menschen. Was meinen Sie, Inspektor?«

»Ich meine, daß Sie mir einen großen Gefallen tun würden, wenn Sie mich Bony nennen. So nennen mich alle.«

»Geht in Ordnung, Bony. Im übrigen sind Sie bei uns willkommen. Bleiben Sie, solange Sie wollen. Wir haben zwar nur zwei Schlafzimmer hier im Haus, aber wir können es Ihnen drüben in der Unterkunft der Farmarbeiter gemütlich machen. Spielen Sie Cribbage oder Poker?«

»Ja, beides.«

»Prächtig. Aber wir spielen nicht um Geld. Wir spielen um Streichhölzer.«

Als der örtliche Klatsch keinen Gesprächsstoff mehr lieferte, fuhr Jim Pointer ab. Die Downers zeigten ihrem Gast das an den Maschinenschuppen angebaute Zimmer.

»So, nun fühlen Sie sich ganz wie zu Hause«, meinte der alte Downer, und Eric fügte hinzu: »Ich fahre Sie überall hin und zeige Ihnen alles, was Sie sehen wollen. Wir haben immer noch Benzin für den Wagen.«

»Also, Eric, bring du das Zimmer in Ordnung, ich werde Bony inzwischen die Farm zeigen«, kommandierte John, und Eric zwinkerte hinter seinem Rücken.

»Wenn Eric Ihr Zimmer in Ordnung bringt, werden Sie sich bestimmt darin wohl fühlen«, sagte der Alte noch in der offenen Tür. Dann zeigte er dem Inspektor die Stelle, wo sie Paul Dickson gefunden hatten. Er rückte einen Sägebock beiseite, um den Platz besser sichtbar zu machen.

»Ich habe die Tatortfotos gesehen«, meinte Bony. »Übrigens – Sie haben die Haarlocke Ihres Sohnes oder die Uhr nicht wiedergefunden?«

»Nein. Nicht einmal die Kärtchen, auf die meine Frau die Locke geheftet hatte.«

»Wir müssen noch einmal in Ruhe darüber sprechen, John. Mir gefällt so vieles nicht an dieser Geschichte.«

»Sie liegt aber schon so lange zurück. Eine Menge Sand und Staub hat inzwischen alle Spuren verwischt.«

»Vielleicht machen die Eingeborenen Regen«, erwiderte Bony. »Und der Regen wäscht hoffentlich den Staub wieder weg.«

John Downers Gesicht hellte sich auf.

»Wenn die schwarzen Halunken wirklich Regen machen! Hatten Sie den Eindruck, daß sie es ernst meinten?«

»Doch, ich denke schon. Der Medizinmann mußte sich nur erst dazu entschließen. Wir hielten bei ihnen am Bohrloch zehn, als wir zu Blazers Bassin fuhren. Auf dem Rückweg waren sie nicht mehr zu sehen. Wahrscheinlich hatten sie sich bereits aufgemacht, die Regensteine auszugraben.«

Die beiden Männer gingen zur Schurbaracke, die der Alte seinem Gast unbedingt zeigen wollte. Diese Schurbaracke mit ihren Scherbuchten, mit den Transmissionen und Sortiertischen, mit ihrer ganzen komplizierten Einrichtung, war sein ganzer Stolz.

»Was meinen Sie?« wandte er sich an Bony. »Glauben Sie, daß die Eingeborenen Regen machen können?«

»Ich nehme an, daß sie unbewußt die Natur beobachten und sich erst dann entschließen, ›Regen zu machen‹, wenn gewisse Anzeichen darauf hindeuten, daß es Regen geben wird. Sie glauben dann natürlich, daß die besungenen Steine den Regen gebracht haben.«

Bony wurde in der Schurbaracke herumgeführt. John hatte sie mit Erics Hilfe selbst gebaut. Eric hatte die Maschinen installiert, und die Wollpresse hatte man aus Sydney kommen lassen.

»Einmal habe ich mit nur einem Scherer zusammen

zwölftausend Schafe geschoren«, sagte John stolz. »Das war, als Eric auf dem College war. Vor drei Jahren habe ich mit ihm zusammen neuntausend Stück geschoren. Und jetzt ist nichts mehr davon übrig.«

»Wieviel waren es denn bei der letzten Schur?«

»Vierzehnhundertneunzehn Stück. Das war im vergangenen Juni.«

»Und die geschorenen Schafe kamen dann in den Pferch bei Rudders Brunnen?«

»Ja. Hier und auch im Norden war kein Futter mehr.«

»Haben Sie die Schafe nach Ihrer Rückkehr vom Urlaub im vergangenen September einmal gemustert?«

»Wir haben sie an der Tränke überschlägig gezählt. Ungefähr hundert waren eingegangen, während wir in Mindee waren. Warum fragen Sie?«

»Es ist also wohl kaum anzunehmen, daß Dickson – ob nun mit oder ohne Brandts Hilfe – Schafe gestohlen hat?«

»Nein, das glaube ich nicht.«

»Wo wurde Dickson beerdigt?«

»Ich zeige Ihnen das Grab. Es ist hinter der Schurbaracke.«

Das Grab war lediglich durch vier Pfosten und Querlatten abgezäunt.

»Die Polizei wollte den Mann unten in unserem Friedhof neben meiner Frau beerdigen«, sagte John. »Aber Eric wollte das nicht, und wäre ich zugegen gewesen, hätte ich es ebenfalls nicht gestattet. Unsere Grabstelle reicht gerade für meine Frau und für mich. Trotzdem gefiel es mir nicht, daß man den Mann hier so einfach verscharrt hat. Ich habe darum ein paar Gebete gesprochen und ein Kreuz darauf gesetzt. Als ich ein paar Wochen später wieder hier vorbeikam, war das Kreuz verschwunden. Es war einfach nicht mehr zu finden, darum baute ich diese Umzäunung. Als ich Eric später nach dem Kreuz fragte, hat er mir rundheraus erklärt, daß ein Verbrecher kein Kreuz verdiene. Wie denken Sie darüber?«

»Das ist eine Gewissensfrage, John. Aber ich glaube, ich bin doch eher Ihrer Ansicht.«

Sie gingen zur Rückseite des Hauses.

»Wir müssen Eric möglichst in Ruhe lassen, Bony. Der Junge hat viel Schweres durchgemacht mit den Schafen. Sie müssen wissen, es ist die erste große Dürre, die er erlebt. Und der Junge hat viel von seiner Mutter. Sie war eine richtige Frau, wenn Sie verstehen, was ich damit sagen will. Sie konnte keine Kreatur leiden sehen. Eric stand ihr immer näher als mir. Trotzdem waren wir die besten Kameraden. Es hat ihn nur einfach umgeworfen, machtlos zusehen zu müssen, wie die Tiere dahingerafft wurden. Er hat schwer gekämpft, um die Schafe zu retten. Ich wußte von vornherein, daß es sinnlos war, habe ihm aber seinen Willen gelassen. Nun ist er sehr schwierig geworden. Er war früher viel umgänglicher.«

»Wenn die Dürre vorbei ist und Sie eine neue Herde aufbauen, wird er sich wieder fangen.«

»Ich hoffe es.« Der Alte schwieg kurz, dann fuhr er fort. »Ein Mann muß hart sein, finden Sie nicht auch? Wenn eine Situation nicht zu ändern ist, muß man sich damit abfinden. Es hat keinen Sinn, sich zu quälen. Ich und viele andere haben das gleiche nicht zum erstenmal durchmachen müssen.«

»Man muß Philosoph sein«, pflichtete Bony ihm bei. Sie waren auf ihrem Rundgang am Tor des Zaunes angelangt, der die Farm umgab. »Sagen Sie, als Sie und Eric aus Mindee zurückkehrten – war dieses Tor hier offen oder geschlossen?«

»Geschlossen. Ich entsinne mich, daß ich aussteigen mußte, um es zu öffnen.«

»Jetzt zum Beispiel steht es offen. War es denn damals normalerweise immer geschlossen?«

»Nur nachts, damit die Hunde nicht wildern konnten. Die Hühner liefen tagsüber frei herum, wurden aber nachts eingeschlossen, damit sie vor den Füchsen sicher waren. Was bezwecken Sie mit dieser Frage?«

»Es hieß doch, daß Brandt die Hunde angekettet gelassen habe, damit sie ihm nicht folgen konnten. Er hatte gerade einen Mann getötet und es bestimmt eilig, mit seinem Fahrrad wegzukommen. Er mußte dieses Tor passieren. Warum hat er sich die Mühe gemacht, es hinter sich zu schließen?«

»Tja, warum wohl«, grübelte John. »Kein Mensch würde sich deswegen aufhalten lassen, wenn er vom Schauplatz eines Verbrechens flieht.«

»Bestimmt war Brandt ziemlich kopflos. Sie glauben nicht, daß jemand hier war, nachdem er die Farm verlassen und Sie zurückgekehrt waren?«

»Aus L'Albert niemand«, erwiderte Downer. »Die hätten es mir gesagt, wenn ihnen etwas Ungewöhnliches aufgefallen wäre.«

»Von L'Albert war niemand hier, John. Ich habe Pointer danach gefragt. Und andere Nachbarn haben Sie nicht?«

»Nein. Und wäre trotzdem jemand hier gewesen, dann hätte er an die Tür geklopft und gemerkt, daß niemand zu Hause war. Normalerweise hätte er dann einen Zettel unter die Tür geschoben. Hier bei uns kommen keine Fremden durch, Bony. Höchstens so ein Bursche wie dieser Dickson, der aus dem Gefängnis entsprungen ist.«

13

Die Sonne stand tief am Horizont. Der Lake Jane schimmerte an diesem ruhigen, heißen Tag wie ein Markasit in einer kostbaren Fassung. Der Wind hatte die Hügel geglättet und die phantastischsten Formen geschaffen. Hier hatte er einen Baum mit Sand überschüttet, so daß er wie ein riesiger Kohlkopf wirkte, dort einem anderen die Wurzeln freigelegt, daß ein Stier zwischen ihnen hätte durchrasen können.

Bony spazierte langsam den Abhang zum See hinunter. Er trug lediglich ein Handtuch um die Hüften und wirkte wie der erste Mensch im Garten Eden. Obwohl seine nackten Füße kein Geräusch verursachen konnten, verspürte er doch den Drang, auf Zehenspitzen zu gehen. Am Strand warf er das Handtuch beiseite, breitete die Arme aus und atmete tief ein. Am liebsten hätte er laut aufgejauchzt, aber das verkniff er sich doch.

Auf einer winzigen Landzunge standen einige Reiher. Sie schienen ihre Ebenbilder in dem spiegelnden Wasser zu betrachten. Eine Schar Krickenten schaukelte wie ein Geschwader schwarzer Kriegsschiffe auf der metallisch glänzenden Oberfläche des Sees.

»Vorhin beim Baden sah ich ein Rudel Schwäne«, berichtete Bony beim Abendessen. »Gibt es im See eigentlich auch Fische?«

»Massenhaft. Aber sie sind jetzt noch zu klein«, antwortete Eric. »Aber sie wachsen schnell.«

»Fische!« Der alte Downer lachte dröhnend. »Als der See das letztemal voll war, haben wir Burschen von sieben und acht Pfund gefangen. Und die Enten! Überall haben sie ihre Eier gelegt, sogar auf den Bäumen.«

»Im Augenblick müssen wir uns aber von Känguruhfleisch ernähren«, erinnerte Eric. »Ich muß heute abend noch hinaus zu Rudders Brunnen. Wollen Sie mitkommen, Bony?«

»Gern. Nach der Karte sind es sechs Kilometer, ja?«

»Sie haben eine Karte gesehen?«

»In Jim Pointers Büro.«

»Eine sehr gute Karte. Es sind nicht ganz sechs Kilometer.«

»Wenn ich Sie recht verstanden habe, lassen Sie bei Rudders Brunnen immer noch Wasser in die Tröge laufen?« fragte Bony. »Für die Känguruhs?«

»Ja. Seltsamerweise kommen sie nicht zum Lake Jane. Sie sind es einfach gewohnt, an Rudders Brunnen zu trinken.

Wahrscheinlich mögen sie das leicht salzige Wasser nicht. Nach Sonnenuntergang werde ich ein Känguruh schießen.«

»Dann machst du dich am besten gleich auf den Weg«, sagte der Alte. »In einer halben Stunde geht die Sonne unter.«

Als Bony neben Eric im Lastwagen saß, erwähnte er das Boot, das am Ufer des Sees festgebunden war. Eric erklärte lachend, er habe es in größter Eile gebaut, als die Flut über die Kreuzung strömte und sie abgeschnitten hatte. Jetzt wolle er ein neues bauen, nur um eine Beschäftigung zu haben.

»Mein Alter Herr behauptet, daß der Lake ein richtiges Anglerparadies wird, und ich habe keinen Grund, daran zu zweifeln. Auch Enten wird es in Hülle und Fülle geben, und die Känguruhs werden zu Tausenden kommen, wenn das Wasser nicht mehr so abgestanden ist. Dazu Unmengen Kaninchen. Das wird Vater gefallen. Wenn es genügend Kaninchen gibt, fallen weder die Dingos noch die Füchse noch die Adler über unsere Schafe her.«

»Haben Sie unter der Fuchsplage sehr zu leiden?«

»Die Füchse haben uns fertiggemacht«, erwiderte Eric. »Ich habe Wasser gefahren und für die Schafe Futter herbeigeschafft, aber schließlich war es so, daß sechs Füchse auf ein Schaf kamen. Wenn ein Schaf am Abend bei der Tränke starb, war am nächsten Morgen außer ein paar Wollflocken und den weit verstreuten Knochen nichts mehr von ihm übrig.«

Bony starrte auf den Pfad, der sich vor ihnen durch den Busch wand. Bäume und Sträucher glitten vorbei, dann wieder kamen niedrige Sanddünen und nackte rote Erde. An einer Stelle lagen noch die Federn der Hühner, die Eric hier vor Monaten weggeworfen hatte. Außer zwei Vögeln sah man keine Lebewesen. Das war nicht verwunderlich. Beim Anblick eines Autos wird jedes wildlebende Tier sofort zur Bewegungslosigkeit erstarren.

Sie fuhren an einem breiten Gürtel aus Teesträuchern vorbei. Die Büsche waren etwa drei Meter hoch. Die kleinen hellgrünen Blätter boten einen wohltuenden Anblick in der gelblichgrauen, ausgetrockneten Landschaft.

Einen knappen Kilometer hinter diesen Teesträuchern standen zwei Sandelbäume. Ihre Kronen ragten hoch aus dem Busch, und das Licht der untergehenden Sonne reflektierte sich in dem satten Grün. Als sie näher kamen, betrachtete Bony entzückt die schlanken, geraden Stämme. Man hatte den Eindruck, als seien auch die Büsche absichtlich zurückgetreten, um diese beiden Bäume zu bewundern, denn sie erhoben sich auf einem freien Platz aus rotem Sand.

Doch schon kamen die Geister des Busches, über die sich Bony mit Jim Pointer so lange unterhalten hatte, und schienen ihn zu verspotten. Hier war der Natur offensichtlich ein Fehler unterlaufen. Bony sah die Sandelbäume, aber etwas an diesem Bild wirkte störend.

Dieses Gefühl prägte sich fest in sein Gedächtnis. Als sie jedoch das Gatter der Koppel zu Rudders Brunnen erreichten, dachte er nicht mehr daran. An den langen Wassertrögen hockten Hunderte von Känguruhs, und über den Boden schlüpften mattrot schimmernde Büschel – die Füchse, die der Durst so sehr quälte, daß sie nicht erst bis zur Dunkelheit warteten, um zur Wasserstelle zu kommen. Über der Szene flatterten und kreischten die Vögel. Alles drängte sich an dieser Stelle zusammen, obwohl gar nicht weit entfernt ein ganzer See voll frischen Wassers war.

Eric parkte vor der Bambusgrashütte. Er erklärte Bony, er würde jetzt mit dem Gewehr zu den Trögen gehen und sich ein Känguruh aussuchen.

Bony blieb mit dem Dobermann im Wagen zurück. Er beobachtete Eric und versuchte, sich über den jungen Mann klarzuwerden. Eric war selbstsicher und gescheit, eine Kämpfernatur, stur und intolerant. Er besaß nicht die Zähigkeit seines Vaters, um die seelischen Anspannungen einer großen Dürre gefahrlos zu überstehen. Er war ein draufgängerischer

Kavallerieoffizier, hatte aber kein Talent zum Kommandeur einer belagerten Festung.

Eric feuerte einmal, und mit ohrenbetäubendem Gekreisch erhoben sich die Vögel. Känguruhs und Füchse rasten erschrocken davon. Nur ein Känguruh blieb am Boden liegen. Als Eric den Wagen holte, um das tote Tier aufzuladen, fragte Bony: »War es am Rande dieser Ebene, wo Sie die Schafe weiden ließen?«

»Ja, fünf Kilometer weit draußen. Ich möchte das nicht noch einmal durchmachen. Trotzdem bin ich froh, daß ich alles tat, was ich konnte – für die Schafe, die Kühe und die Pferde, die dann alle hier draußen umgekommen sind.«

Bony half das Känguruh aufzuladen. Er bemerkte, wie sauber der Einschuß auf der Stirn des noch jungen Tieres war.

Dieser junge Mann hatte Züge an sich, die Bony außerordentlich sympathisch fand, und andere, die er zumindest verstand.

Die Sonne war hinter dem Horizont verschwunden, als sie Rudders Brunnen verließen. Trotzdem war es noch hell genug, als sie jene Stelle passierten, an der die beiden Sandelbäume standen. Wieder bemühte sich Bony, dahinterzukommen, was ihn an diesem Bild störte, aber es gelang ihm nicht.

Er war jedoch zu tief verwurzelt mit dem australischen Busch, um ein solches Rätsel einfach beiseite zu schieben. Ihn interessierte jetzt vor allem die Frage, ob diese vorerst unbewußt erfaßte Unstimmigkeit mit seinen Ermittlungen in Zusammenhang stand. Das war durchaus denkbar. Ein Weißer, der einen Stein auf einem Rosenbeet entdeckt, wird sich darüber nicht den Kopf zerbrechen. Ein Eingeborener hingegen, der eine tote Spinne in ihrem unbeschädigten Netz findet, wird sich darüber unweigerlich Gedanken machen, denn Spinnen sterben normalerweise nicht im Netz.

Die Gelegenheit, dieses Rätsel näher zu ergründen, bot sich bereits am nächsten Nachmittag. Die Downers arbeiteten an ihrem Boot. Bony machte sich unauffällig auf den Weg. Er mied sorgfältig den Pfad und kam auf diese Weise von der abgelegenen Seite aus auf die Lichtung. Im Schatten einer Kiefer setzte er sich nieder. Die Lichtung hatte einen Durchmesser von annähernd hundert Metern. Außer den beiden Sandelbäumen wuchs nichts darauf. Der Wind hatte Laub und kleine Zweige hinweggetragen, nur unter den Bäumen lagen einige größere Äste. An der Art, wie der Sand angeweht worden war, erkannte Bony, daß der Wind aus Nordwest gekommen war.

Das Streichholz, mit dem er sich die Zigarette angezündet hatte, schob er in die Brusttasche seines Hemdes. Auch die Kippe bewahrte er später dort auf. Er zog die Stiefel aus, um möglichst keine Spuren zu hinterlassen.

Dann ging er hinüber zum Pfad und suchte die Stelle, die er am Vorabend im Vorüberfahren gesehen hatte. Am Rande der Lichtung stand ein abgestorbener Buchsbaum, in dessen Gipfel sich ein Adlerpaar das Nest gebaut hatte. Das war nicht ungewöhnlich. Aufgefallen wäre es ihm nur, wenn die Adler ihr Nest in den dichtbelaubten Zweigen der Sandelbäume errichtet hätten. Auch die Sackträgerraupen am abgestorbenen Zweig eines Mulgabaumes waren nichts Besonderes.

Oft ist es so, daß man den Wald vor lauter Bäumen nicht sieht. Direkt vor seinen Füßen fand er schließlich, was ihn stutzig gemacht hatte.

Es war der große Zweig eines Teestrauches. Die Blätter waren längst vertrocknet, und der Wind hatte ihn teilweise mit Sand bedeckt. Er mußte also schon lange Zeit hier liegen. Es gab aber keinen vernünftigen Grund, warum er hier dicht neben dem Buschpfad lag.

Hier wuchsen keine Teesträucher. Erst einen Kilometer in Richtung zur Farm hatte er gestern einige gesehen.

Der Wind konnte den Zweig nicht hierhergeweht haben, dazu war er zu schwer. Auch war er nicht von Eric Downers Lastwagen gefallen, denn der Wagen besaß eine Pritsche mit

Seitenwänden. Und die Eingeborenen würden solche Zweige nicht mit sich herumschleppen. Manchmal benützte man sie zum Abdecken der Hütten, aber weder am Lake Jane noch bei Rudders Brunnen gab es derartige Dächer.

Eine unwichtige Tatsache, über die sich kein Weißer den Kopf zerbrechen würde.

Bony jedoch ließ diese Sache nicht auf sich beruhen. Der Zweig war nicht vom Wind an diese Stelle geweht worden. Ebenso sicher konnte er annehmen, daß man ihn nicht als Fliegenwedel benützt hatte. Aber irgend jemand hatte diesen Zweig gebraucht. Wofür ...? Man konnte damit großartig Spuren verwischen! Warum aber Spuren verwischen – falls diese Vermutung richtig war?

Ohne ein Resultat zu erhoffen, sah sich Bony die Lichtung sehr genau an. Der Wind hatte den Sand leicht gekräuselt. Hier im Schatten waren die winzigen Wellen deutlich sichtbar. Nur an einer Stelle war der Wind auf Widerstand gestoßen.

Bony ging hin und versuchte zu ergründen, was die Ursache für diese Unregelmäßigkeit war. Mit der Zehenspitze bohrte er im Sand. Er spürte einen harten Gegenstand und wühlte mit den Händen einen verkohlten Ast frei. Er buddelte tiefer und brachte weitere Holzstückchen und Asche zum Vorschein.

Warum hatte man diese Feuerstelle so sorgfältig zugedeckt? Es gab doch hier weit und breit nichts Brennbares!

Jemand hatte auf dieser Lichtung ein Feuer gemacht, ein Loch gebuddelt und die Überreste sorgfältig vergraben. Mit dem Zweig des Teestrauches hatte er die Fußspuren verwischt und ihn dann einfach fortgeworfen. Er hatte den Zweig für diesen Zweck extra mitgebracht, wahrscheinlich von dem etwa einen Kilometer entfernt liegenden Gürtel aus Teesträuchern.

14

Jemand war auf dieser Lichtung gewesen, hatte hier etwas verbrannt, was für ihn von Wichtigkeit gewesen sein mußte, und hatte mit einem Teestrauchzweig seine Spuren verwischt.

Bony ging in Richtung auf ›Lake Jane‹ zu. Er hielt sich parallel zum Buschpfad und erreichte nach einem knappen Kilometer die Gruppe der Teesträucher. Dieses Terrain war über hundert Meter breit. Bony begann mit seiner Untersuchung an dem Ende, das auf der gleichen Seite des Buschpfades lag wie die Sandelbäume. Die lange Dürreperiode hatte den Sträuchern nicht viel angehabt. Schwarz fielen ihre Schatten auf den roten, vom Wind geebneten Boden. Hier und da hatte der Sturm einen Zweig abgebrochen. Jener Zweig, den er bei den Sandelbäumen gefunden hatte, mußte von hier stammen.

Bony zog wiederum die Schuhe aus und schaute sich sorgfältig unter den Büschen um. Er fand die Spur eines Fuchses, der nach dem letzten Sturm hier entlanggeschnürt war, aber das Tier schien nichts Außergewöhnliches gewittert zu haben. Dann entdeckte Bony unter den dichten Sträuchern die Spuren eines Dingos. Die Kratzspuren waren schon alt, die Laufspuren kaum mehr sichtbar.

Ein Hund verrichtet seine Notdurft normalerweise an einer Stelle, die bereits von einem anderen Hund für den gleichen Zweck benützt worden ist. Aber irgendein Hund muß als erster dagewesen sein, und er wird sich diesen Platz nur darum ausgesucht haben, weil er für seine Nase interessant war. Kein Wunder also, daß Bony die Wühlspur des Dingos aufmerksam betrachtete. Die Teesträucher bildeten an dieser Stelle eine Laube, die Sonne und Wind aussperrte. Die Luft war hier kühl, der Boden mit einer dicken Schicht Teeblätter bedeckt, die grau und vertrocknet und ganz offensichtlich von Menschenhand als Liegestatt hergerichtet worden waren.

Man hatte die Blätter nicht einfach abgerissen, sie schienen vor längerer Zeit gesammelt und sorgfältig auf den Boden gelegt worden zu sein. Sie waren älter als jener Teestrauchzweig, den Bony bei den Sandelbäumen entdeckt hatte.

Wozu hatte man hier ein Lager errichtet? Wasser gab es erst bei Rudders Brunnen. Wenn der Teestrauchzweig bei den Sandelbäumen zur Verwischung von Spuren gedient hatte, dann war er gewiß auch hier für den gleichen Zweck gebraucht worden.

Warum aber diese Geheimnistuerei? Die Eingeborenen hatten es nicht nötig, sich eine derart verschwiegene Lagerstätte anzulegen. Es entsprach auch kaum ihrer Mentalität, eine so perfekte Matratze zu bauen. Ein Eingeborener würde auf der Leeseite eines Busches ein Feuer entfachen, sich danebenlegen und so gut wie andere Menschen in einem Federbett schlafen.

Dieses Rätsel zu ergründen reizte den Inspektor. Er durchwühlte das aus Teeblättern errichtete Bett, fand aber nichts. Unermüdlich suchte er weiter – nach einem Streichholz, einer Zigarettenkippe, nach irgendeinem Hinweis auf den Benutzer dieser Lagerstätte. Er fand nichts. Er suchte vor den Büschen nach einer Feuerstelle, nach einer weggeworfenen Konservendose oder einem Knochen – nichts. Also machte er sich noch einmal über die Liegestatt her. Seine Sehkraft war noch ausgezeichnet, er brauchte kein Vergrößerungsglas für diese Arbeit.

Geduld wird fast immer belohnt. Endlich fand er vor den Büschen, die die Laube bildeten, einen Fingerzeig. An der Spitze eines Zweiges hingen sieben Haare.

Sie waren schwarz und ähnelten denen, die der tote Dickson in der Hand gehalten hatte. Sie gehörten offensichtlich einer Eingeborenen. Aber auch Robinia Pointer war schwarzhaarig, und in Melbourne und Sydney gab es bestimmt eine halbe Million Frauen, deren Haare von derselben Farbe waren.

Bony brauchte noch mehr Hinweise, um sich ein Bild zu machen, was hier vor Monaten geschehen war. Eine weitere

Stunde suchte er nach Spuren, jedoch ohne Erfolg. Er hätte sich gern noch länger umgesehen, aber er wollte nicht die Neugier der Downers erwecken, wenn er zu lange ausblieb.

Er schlug einen weiten Bogen, so daß er den See hinter der Kreuzung erreichte, und folgte dem schmalen weißen Strand dicht am Wasser entlang. In den Fenstern des Herrenhauses spiegelte sich glutrot die Sonne, und aus dem einzigen Schornstein stieg Rauch. Hundert Meter vom Strand entfernt sprang Eric mit einem Kopfsprung aus dem Boot ins Wasser. Bony entschloß sich augenblicklich, sein Handtuch zu holen und zu Eric hinauszuschwimmen.

Er kam jedoch nicht dazu, sein Vorhaben auszuführen. Als er sich dem Hause näherte, trat der alte Downer auf die Veranda und hämmerte auf eine Blechplatte. Das war das Zeichen für seine ›Leute‹, zum Abendessen zu kommen.

»Na, weit gewesen?« fragte er den Inspektor, als sie bei Känguruhsteaks und Trockengemüse saßen.

»Was meine Beine anbelangt, so muß ich einen Gewaltmarsch gemacht haben«, erwiderte Bony müde. »Ich wünschte, ich hätte ein Pferd. Wie Richard der Dritte würde ich ein Königreich für ein Pferd geben.«

»Allerdings. Bei uns sind im Augenblick Pferde so kostbar wie Königreiche«, meinte Eric. »Wo sind Sie denn gewesen?«

»Hinter der Kreuzung. Ich wollte den Weg kennenlernen, den Brandt einschlug, als er hier weglief. Nach der Karte sind es achtundzwanzig Kilometer bis zu Blazers Bassin. Nach dem, was ich heute gesehen habe, waren es harte achtundzwanzig Kilometer.«

»Da haben Sie recht«, warf John ein. »Das ist eine sehr unwirtliche Gegend. Hart für einen Mann zu Fuß, aber noch härter für einen Mann mit einem beladenen Fahrrad.«

»Brandt wußte sicher überhaupt nicht, worauf er sich einließ, als er mit dem Fahrrad losfuhr«, meinte Eric. »Er kannte zwar das Gelände bei Blazers Bassin, dort hatte er ja schon

Känguruhs geschossen und Füchse gefangen, aber der Weg von hier aus war ihm nicht bekannt. Ich habe immer behauptet, daß er irgendwo auf dieser Strecke das Fahrrad und die beiden Reisebündel versteckt haben muß. Entweder um die Straße bei Jorkins Soak zu erreichen und dann per Anhalter nach Broken Hill zu gelangen, oder aber er wurde verfolgt und hoffte, ohne das Rad schneller vorwärts zu kommen.«

»Vielleicht versteifen wir uns zu sehr auf die Theorie, daß er von jemandem verfolgt und von diesem Unbekannten aus Rache für Dicksons Ermordung getötet worden ist«, entgegnete Bony. »Sein Tod muß aber nicht unbedingt mit dem Dicksons zusammenhängen. Vielleicht wurde er das Opfer eines einfachen Überfalls. Der Täter erschlug ihn, um sich in den Besitz des Fahrrades und der Reisebündel zu bringen.«

»Möglich.« Der alte Downer nickte. »Aber zu der Zeit war doch niemand in jener Gegend. Es gab dort weder Vieh noch Wasser.«

»Wie steht es mit den Eingeborenen? Einige kampierten doch am Bohrloch zehn, nicht wahr?«

»Ganz recht. Nuggety Jack und seine Leute befanden sich am Bohrloch zehn. Aber Nuggety Jack würde niemals wegen eines Fahrrades einen Mord begangen haben. Man hätte das Rad in L'Albert sofort wiedererkannt.«

»Das wäre er überhaupt nicht losgeworden«, pflichtete Eric ihm bei. »In L'Albert war nicht ein einziger Fremder, dem die Eingeborenen es hätten verkaufen können, nicht einmal für ein Päckchen Tabak. Sie müssen die ganze damalige Situation in Betracht ziehen, Bony. Sie war nicht besser und nicht anders als heute.«

Aus Erics Stimme klang Ungeduld. Man sah ihm deutlich an, daß ihn die ganze Geschichte langweilte. Bony konnte das verstehen. Schließlich mußte es jeden anöden, sieben Monate lang über das gleiche Thema zu diskutieren. Er sprach dies auch aus.

»Ich weiß, daß Sie diese Morde aufklären müssen«, erwiderte Eric ihm. »Ich beantworte auch gern alle Fragen über Topographie, über das Klima und die Leute. Aber immer wieder Hypothesen aufzustellen, was geschehen sein konnte, wenn es doch niemand weiß – das macht mich rasend.«

»Aber weder Bony noch ein anderer Kriminalist würde je weiterkommen, wenn er nicht immer wieder die einzelnen Theorien sorgfältig gegeneinander abwägen würde«, warf John ein.

»Ich muß Eric recht geben«, sagte Bony. »Auf jeden Fall ist es unhöflich und unklug, beim Essen über Geschäfte zu sprechen. Und nur Theorien aufzustellen bringt uns auch nicht weiter. Dieses Bild da drüben – hat Robinia Pointer es gemalt?«

»Ja. Vor ungefähr vier Jahren. Ich glaube, das war damals ihre beste Periode. Mrs. Pointer nennt das Atelier ihrer Tochter ›die Schreckenskammer‹. Haben Sie die Gemälde gesehen?«

»Auf Anregung von Mrs. Pointer zeigte mir Robinia ihre Bilder«, erwiderte Bony.

»Und was halten Sie davon?«

»Das Bild mit den Pferden im Schatten der Eukalyptusbäume gefiel mir ausgezeichnet, und das andere, von den Sanddünen bei Blazers Bassin, finde ich ebenfalls hervorragend. Aber bedenken Sie, daß ich nichts von Malerei verstehe.«

»Ich auch nicht. Trotzdem gefallen mir Robinias Bilder – die meisten wenigstens.«

Erics graue Augen funkelten zum zweitenmal an diesem Abend hell auf, und wieder machte sich sein Vater Sorgen um ihn.

»Sie hat durchaus etwas vom Geist dieser Landschaft erfaßt«, fuhr Bony fort. »Besonders jenes Bild, das sie ›Der Narr‹ genannt hat, beweist das sehr deutlich. Und das Bild auf der Staffelei halte ich für besonders gut gelungen, obwohl ich mich ziemlich betroffen fühlte, als ich es sah.«

»Was für ein Bild ist das?« wollte Eric wissen.
»›Niemals werden sie sich finden‹.«
»Ich ... ich habe es noch nie gesehen. Was stellt es denn dar?« Eric schien völlig perplex. »Hat sie es kürzlich erst vollendet?«
»Sie scheint es schon vor längerer Zeit gemalt zu haben.«
Bony beschrieb das Bild, und Eric begann nervös auf den Tisch zu trommeln. Als Bony eine kurze Pause einlegte, wollte er zu einer Erwiderung ansetzen, aber Bony fuhr bereits fort: »Ich fürchte, ich habe das Motiv zu diesem Bild ein wenig persönlich aufgefaßt, obwohl sie es ja unmöglich mit einer bestimmten Absicht gemalt haben kann. Robinia sagte mir, die Idee zu diesem Werk sei ihr durch die Erzählung eines Besuchers gekommen.« Eric trommelte immer noch mit den Fingern auf den Tisch; und John erkundigte sich, ob Robinia Näheres über die Erzählung des Besuchers gesagt habe.

»Ja«, erwiderte Bony. »Die Geschichte handelte von einem Weißen und einer Eingeborenen, die sich liebten. Trotz der Warnungen ihrer Angehörigen liefen sie gemeinsam fort. Man fand sie später an einen Baum gefesselt, beide tot, und niemand hat jemals erfahren, ob sie von einem Eingeborenen oder einem Weißen getötet wurden.«

»Dieser Besucher muß ich gewesen sein«, erklärte John. »Die Geschichte habe ich ihr nämlich erzählt. Sie geschah vor vielen Jahren.«

»Mir gegenüber hast du nie etwas davon erzählt!« brauste Eric auf.

»Aber mein Junge, warum regst du dich gleich so auf? Was ist daran so wichtig? Das war vor vielen Jahren, und bei einem Besuch in L'Albert erzählte ich davon.«

»Ich habe Robinia erklärt, daß Kipling sich irrt«, meinte Bony leise. »Der Osten und der Westen finden sich oft. Ich selbst bin ein Beispiel dafür.«

Eric stieß einen Seufzer aus, hörte zu trommeln auf und zündete sich eine Zigarette an.

»Haben Sie das Bild ›Ergebung‹ gesehen?« fragte er auffallend ruhig.

Bony schüttelte den Kopf.

»Schade! Ein wunderbares Bild. Zeigt ein Lamm in den Fängen eines Adlers.«

»Sollten wir nicht lieber Schluß machen für heute, mein Junge?« fragte John.

Eric stand abrupt auf und blickte auf die beiden Männer herab.

»Haben Sie das Bild gesehen, das Robinia ›Interesse an Anatomie‹ betitelt hat?« fragte er. »Sieben Krähen hocken auf einem Baum und blicken herab auf einen Adler, der damit beschäftigt ist, die Flanken eines Pferdes aufzureißen. Das Pferd hat seinen Kopf erhoben und blickt den Adler mit Augen an, in denen ... o Gott, was in den Augen dieses Pferdes zu lesen steht!«

Er schlug mit der Faust auf den Tisch. Der Alte stand erschrocken auf, seine haselnußbraunen Augen weiteten sich, und er öffnete erstaunt den Mund.

»Und ich sage Ihnen, daß ich das Mädchen wegen dieser Bilder hasse!« brüllte Eric los. »Aber gleichzeitig könnte ich sie an mich reißen, weil sie uns die Augen öffnet, weil sie die Wahrheit auf die Leinwand bannt, weil sie zeigt, wie uns die gequälte Kreatur sieht. Als ich diese Bilder zum erstenmal sah, diese schrecklichen, schonungslos offenen Bilder, da hätte ich Robinia am liebsten erwürgt. Statt dessen habe ich sie an mich gerissen und sie geküßt, und in ihren Küssen suchte ich Verständnis für mich und die Gewißheit, daß wir zusammengehören, dieselben Gedanken und Empfindungen haben und daß sie den gleichen Schrecken spürt beim Anblick dieser Bilder wie ich. Aber ich fand das alles nicht. Ich fand nichts als Verlangen. Und darum sage ich euch: ›Sie werden sich niemals finden‹, nicht wir beide!«

Keuchend setzte er sich und vergrub sein Gesicht in den

Händen. Der Alte und Bony schwiegen. Nach einigen Augenblicken hob Eric sein Gesicht.

»Ihr beide verschwindet jetzt auf die Veranda«, sagte er wieder gefaßt. »Ich räume hier auf. Tut mir leid, wenn mir die Nerven durchgegangen sind.«

Bony nickte dem Alten zu, und John Downer folgte ihm hinaus auf die Veranda, wo er sich auf einen Stuhl setzte und Preßtabak in seine Pfeife zu schneiden begann. Bony stand an der Brüstung und blickte auf den See hinaus. Rot, schwarz und silbern schimmerte er unter dem Abendhimmel. Die Dünen leuchteten in flammendem Purpur. Plötzlich drehte sich Bony um und sagte mit vor Erregung verhaltener Stimme:

»Kommen Sie her, John, sagen Sie mir, ob Sie das sehen, was ich zu sehen glaube.«

Gegen den lohenden Himmel hoben sich schwarze Punkte ab. Schwarze, in Keilform geordnete Punkte.

»Vögel«, flüsterte John.

Die Punkte wurden größer, neue kamen hinzu.

»Pelikane!« rief John und rannte ins Haus. »Eric, komm raus! Die Vögel kehren zurück. Komm raus und sieh dir das an!«

Eric eilte herbei und stellte sich neben seinen Vater. Was er sah, ließ ihn seine Verzweiflung vergessen. Im Gleitflug gingen die Pelikane zu Wasser. Sie sahen aus wie Pfeile, die auf das Herz des Lake Jane gerichtet waren. John packte Erics Arm.

»Immer wieder hat das Leben etwas Schönes für uns bereit, mein Junge. Sieh doch, die Vögel kehren zurück.«

Formation auf Formation schwebte herab. Ein kurzes Flügelschlagen, und im letzten, verlöschenden Licht des Tages senkten sich die majestätischen Tiere auf das Wasser.

15

Der 31. März war ein Tag, der sich allen in das Gedächtnis einprägen sollte. Es begann damit, daß John Downer, von einer inneren Unrast gepackt, vorschlug, einmal die Pointers in L'Albert zu besuchen. Eric stimmte sofort begeistert zu, Bony hingegen winkte ab. Er habe viel nachzudenken, Briefe zu schreiben und Wäsche zu waschen, erklärte er nachdrücklich.

»Brot ist in der Steingutschüssel und kaltes Känguruh im Fleischschrank«, sagte der alte Downer beim Abschied. »Fühlen Sie sich ganz wie zu Hause.«

Diese Aufforderung nahm Bony wörtlich. Er sah dem Lastwagen nach, wie er hinter der Kreuzung verschwand. Dann rauchte er eine Zigarette und beobachtete die Pelikane am fernen Seeufer. Schließlich ging er ins Haus. Zunächst inspizierte er John Downers Schlafzimmer. Das alte eiserne Doppelbett war ordentlich gemacht. Auf der Marmorplatte des Waschtisches stand ein verschnörkelter Porzellankrug in einer Schüssel. Zweifellos war er seit Mrs. Downers Tod nicht mehr benützt worden. An den Wänden hingen Bilder, die Bony interessiert betrachtete. Eins zeigte Mr. und Mrs. Downer. Sie schien größer gewesen zu sein als ihr Mann, und ihre Augen verrieten verhaltenes Temperament, die Mund- und Kinnpartie einen starken Charakter. Daneben hing ein Porträt von Eric, das Robinia Pointer gemalt haben mußte.

Erics Zimmer war genauso ordentlich wie das seines Vaters. An den Wänden sah Bony Bilder aus Erics Schulzeit: eine Gruppenaufnahme, die Fußball- und Kricketmannschaft. Eric war stets an hervorragender Stelle plaziert. Damals schien er allerdings noch nicht so gut ausgesehen zu haben wie heute. Eine Aufnahme der Schülerkadetten zeigte ihn als ernsten und schlanken jungen Mann.

Als Bony sich zum zweiten Frühstück Brot und Fleisch abschnitt, mußte er an seine eigenen Söhne denken. Er konnte nur zu gut verstehen, daß die Downers stolz auf ihren Eric waren. Und nun hatte die Dürrezeit den jungen Mann so sehr verändert. Aber wenn die Trockenzeit überstanden war, würde er vermutlich wieder zu sich selbst finden.

Bony hinterließ auf einem Zettel, er habe sich nun doch entschlossen, sich draußen etwas umzusehen. Den Dobermann würde er mitnehmen. Er füllte seinen Wassersack, und bereits kurz vor Mittag kochte er bei Rudders Brunnen Tee.

An diesem heißen und windstillen Tag war er sechs Kilometer gelaufen, und wieder wünschte er sich ein Pferd, das ihn über die flimmernde Ebene tragen könnte. Er saß im verhältnismäßig kühlen Schatten der Bambusgrashütte. Er wollte sich im Schatten der Hütte ausruhen und erst nach Sonnenuntergang hinaus zu Erics Zeltplatz gehen und dort übernachten. Am Morgen könnte er sich dann dort umsehen und zur Farm zurückkehren, noch bevor die Sonne ihre volle Kraft entwickelt hatte. Warum sollte er jetzt durch die brennende Hitze laufen?

Aber dann rührte sich sein Gewissen. Es gab zu viele Fragen, auf die er noch keine Antwort wußte. Von wem stammten die schwarzen Haare, die er in den Brief an Chefinspektor Pavier gesteckt und den er heute morgen den Downers zur Beförderung mitgegeben hatte? Welche Bewandtnis hatte es mit dem vertrockneten Teestrauchzweig und mit der Feuerstelle, die so sorgfältig zugedeckt worden war? Hätte er – Napoleon Bonaparte – es bis zum Inspektor gebracht, wenn er sich einfach an einem heißen Nachmittag auf die faule Haut gelegt hätte?

Emus stelzten zum Wassertrog und tranken. In großer Höhe segelte eine Wolke langsam von Norden heran. Er rief den Dobermann und marschierte hinaus in das brennende Sonnenlicht.

Die Fliegen waren unerträglich. Er würde keinen Lohn bekommen für dieses sinnlose Herumlaufen. Aber wer kann schon wissen, was die nächste Minute bringt?

Fünf Kilometer weiter draußen in der hitzeflirrenden Ebene hatte Downer seine beiden Lager gebaut. Das zweite war nötig geworden, als beim ersten der Busch leer gefressen war. Um beide Stellen zu erkunden, mußte Bony ein Dreieck ablaufen, dessen Spitze bei Rudders Brunnen lag und dessen Seiten ungefähr fünf Kilometer lang waren. Das bedeutete eine Stunde flotten Marsches, um zum ersten Lagerplatz zu gelangen.

Überall lagen die Knochen der umgekommenen Tiere. Die verstreuten Gerippe bleichten in der Sonne. Hier hatten Tausende von Füchsen eine grausige Mahlzeit gehalten. Der Windschutz war ebenfalls nur noch ein leeres Gerüst. Nirgends war Schatten, da auch von den Büschen nur kahle Stümpfe übriggeblieben waren.

Bony trank ein paar Schluck aus dem Wassersack und goß auch für Blue ein wenig Wasser in den Hut. Bevor er sich das Lager genauer ansah, rauchte er noch eine Zigarette. Er untersuchte den Windschutz, dann zog er immer größere Kreise, bis er schließlich überzeugt war, nichts zu finden, was für ihn von Interesse sein konnte.

Der Schenkel des Dreiecks war deutlich markiert durch die Wagenspuren, die Eric hinterlassen hatte, als er seine Ausrüstung zum zweiten Lagerplatz fuhr. Bony marschierte munter drauflos, als ihn plötzlich der Wolkenschatten erreichte. Urplötzlich brannte ihm die Sonne nicht mehr auf Nacken und Arme.

»Regen! Mein Gott, es wird Regen geben, Blue!« rief er dem Dobermann zu. Die Wolkenwand war so dünn, daß ihre Unterseite kaum verdunkelt war. In diesem Halbschatten sah der vertrocknete Busch noch trostloser aus.

Bony fuhr unwillkürlich zusammen, als er die Spur des Lieferwagens verfolgte. Der Wagen mußte entweder von Rudders

Brunnen gekommen oder dorthin gefahren sein. Eine nähere Untersuchung brachte Bony zu der Überzeugung, daß diese Spur älter war als die des Lastwagens, der er folgte.

Der zweite Lagerplatz lag dicht vor ihm. Er bot etwa das Bild einer verlorenen Schlacht. Auch hier hatte Eric einen Windschutz für sein Zelt gebaut. Die Löcher der Zeltstange und der Heringe waren deutlich zu sehen. Pfosten und Querlatten des Windschutzes standen noch, aber die daran befestigten Zweige, die die ungestümen Westwinde abhalten sollten, waren entlaubt. Die Füchse hatten mit den leeren Konservenbüchsen gespielt und sie weithin verstreut. An den spärlichen Überresten der Büsche und Sträucher, sogar an dem Windschutz hingen Wollflocken der toten Schafe, deren sonnengebleichte Knochen auch hier herumlagen.

Wenige Meter von dem Windschutz entfernt befand sich die Feuerstelle mit den gekreuzten Stangen, an denen der Wasserkessel aufgehängt worden war. An einem Drahthaken baumelte ein noch fast neues Kochgeschirr. Gegen einen Baumstumpf lehnte eine Schaufel.

Der Wassertrog war schief und zusammengesunken. Die Füchse hatten darunter große Löcher gewühlt, um auch den letzten Tropfen Flüssigkeit zu erhaschen. Der Wind hatte den von den Füchsen aufgeworfenen Boden wieder geglättet, aber immer noch konnte man an den zurückgebliebenen Spuren die Geschichte ihres großen Durstes lesen.

Die Wolke segelte langsam südwärts und wich von der Sonne. Die weißen Knochen auf der grauen Erde leuchteten hell auf.

Die ganze Szene bewies, daß hier ein Mann nach hartem, ehrenvollem Kampf gewichen war. Er hatte die letzten Schafe getötet und abgehäutet, die Häute auf den Lastwagen geladen, zusammen mit seinem Feldbett und den persönlichen Dingen, und das Terrain der immer größer werdenden Schar der Füchse überlassen. Schaufel und Kochgeschirr waren bei diesem

Aufbruch vergessen worden. Voller Schaudern mußte Eric den Rücken gekehrt haben, ohne jedoch verhindern zu können, daß seine Gedanken immer wieder zu diesem Schauplatz seiner Niederlage zurückkehrten.

Bony hatte einen weiten Kreis geschlagen und kehrte wieder zum Lager zurück. Erneut senkte sich Schatten über die Landschaft, und als Bony den Blick hob, sah er eine mächtige Wolkenmasse, die sich langsam vorwärts bewegte, jedoch von Ost nach West. Als Bony ein Feuer anzündete und ein wenig Wasser in den Kessel füllte, erinnerte er sich, daß die erste Wolke von Norden nach Süden gewandert war.

Er lehnte mit dem Rücken gegen einen Baumstumpf und teilte die Reste seines Mittagessens mit Blue. Anschließend rauchte er zwei Zigaretten. Es war völlig windstill, und kerzengerade stieg der Zigarettenrauch in die Höhe.

Zu seiner Rechten standen noch die vier Pfosten des Tisches. Eric hatte sie sich von den Büschen geholt, um dann ein Brett darüber zu legen. Überall sah man die Wühlspuren der Füchse, die nach einer Brotkrume oder sonst etwas Eßbarem gesucht haben mochten. Zwischen den Pfosten lag ein weißlicher Gegenstand, offenbar ein kleiner Tierknochen. Bonys Augen waren schon so ermüdet von dem Anblick der überall verstreuten Knochen, daß er nicht weiter hinsah.

Die Wolke glitt weiter nach Westen und gab den blaßblauen Himmel frei. Im gleißenden Licht der wieder hervorbrechenden Sonne glitzerte der kleine Knochen hellweiß. Bonys Gedanken beschäftigten sich mit der verschwiegenen Lagerstätte unter dem Teestrauch und mit allen Fragen, die damit in Zusammenhang standen.

Als er aufstand, berührten seine Füße beinahe den kleinen Knochen. Er hob ihn auf. Es war ein winziges Etwas aus Kunststoff, ungefähr einen Zentimter lang, das die Gestalt eines Pferdes hatte, an dessen Sattel sich ein Befestigungsring befand.

Offensichtlich ein kleiner Talisman. Oder war es das Markenzeichen einer Whiskyflasche oder das Anhängsel eines Damenarmbandes? Hatte sich im Schatzkästchen der Mrs. Downer ein solches Armband befunden?

Ein einsam im Busch lebender Mann hinterläßt die meisten Spuren seiner Anwesenheit an den Stellen, an denen sein Tisch und sein Feldbett gestanden haben. Bony nahm die Schaufel und grub vorsichtig die Erde um.

Ein Sieb wäre jetzt sehr nützlich gewesen, aber auch ohne dieses Hilfsmittel fand er an der Stelle, wo das Feldbett gestanden hatte, zwei Hemdknöpfe, und dort, wo Eric den Tisch hingestellt hatte, eine kleine Dose mit Tabak und Zigarettenpapier. Und einen Kamm. Er war gebogen, mit langen Zähnen. Kein Mann würde einen solchen Kamm benützen.

Wenn das weiße Kunststoffpferdchen nicht von der Uhrkette eines Mannes stammte, dann vermutlich vom Armband einer Frau. Welcher Mann trug auch heutzutage noch eine Taschenuhr mit Kette? Bony legte die Schaufel beiseite und suchte mit den Händen weiter, fand aber nichts mehr.

Müde und zufrieden setzte er sich nieder. Er rauchte eine Zigarette und ließ seinen Gedanken freien Lauf. Ruhig atmend lag der Dobermann neben ihm.

»Wohin werden mich diese Ermittlungen noch führen?« sagte er laut zu dem Hund. »Am Zeltplatz eines Mannes finde ich einen Frauenkamm und ein weißes Pferdchen, ein Anhängsel, das vermutlich einer Frau gehört hat!« War Robinia Pointer mit ihrem Vater hier gewesen? Sie kam ja oft genug allein zum ›Lake Jane‹, warum sollte sie nicht auch hierhergefahren sein, um Eric zu besuchen? »Das muß ich alles noch genau nachprüfen, Blue. Vielleicht sind die beiden jungen Leute intimer miteinander, als die Väter glauben. Na, was hast du denn, Blue?«

Der Dobermann hatte sich erhoben und stand unbeweglich da. Bony stand ebenfalls auf und blickte in die gleiche Richtung.

Zwei Känguruhs hüpften lässig und ohne Hast am Lager vorüber. Plötzlich hielt das erste Tier an, fuhr herum und richtete sich hoch auf. Es starrte in die Richtung zurück, aus der es gekommen war. Das zweite Känguruh blieb ebenfalls stehen und starrte zurück. Beide Tiere verharrten ebenso reglos wie Blue.

Hatte sie ein Dingo erschreckt? Sie waren von Norden gekommen und hatten sich in südlicher Richtung bewegt. Nach dem Stand der Sonne zu schließen war es fünf Uhr vorbei. Zu dieser Zeit kamen die Känguruhs normalerweise vom Osten zu Rudders Brunnen. Sie benahmen sich heute ebenso merkwürdig wie die Wolken.

»Platz!« befahl Bony, und Blue setzte sich. Er beobachtete aber weiter die beiden Känguruhs, die einige hundert Meter entfernt waren und Mann und Hund nicht bemerkten. Irgend etwas mußte ihr Interesse erregt haben, denn sie blieben auf ihren dicken, kräftigen Schwänzen sitzen.

Bony lugte einige Minuten lang durch die Latten des Windschutzes, konnte aber nichts Ungewöhnliches entdecken. Er erwartete, daß aus den Büschen ein oder mehrere Dingos hervorschießen würden, aber nichts rührte sich. Schließlich legten sich die beiden Känguruhs auf den Boden, als seien sie nun überzeugt, daß ihnen keine Gefahr mehr drohte.

Vielleicht finde ich den Grund für ihre Unruhe, wenn ich mir die Spur des Lieferwagens ansehe, dachte Bony. Als er zusammen mit dem Hund den Lagerplatz verließ, mußte es bereits sechs Uhr vorüber sein. Die Schatten wurden immer länger.

Sie fanden nichts, was der Grund für die Aufregung der Känguruhs gewesen sein konnte. Als sie auf die Wagenspur trafen, folgten sie ihr in Richtung auf Rudders Brunnen. Bony gab es auf, das Alter der Spur zu schätzen. Der Wagen war anscheinend ziellos hin und her gefahren. Aber der Fahrer mochte lediglich den niedrigen Sträuchern und Löchern ausgewichen sein.

Sie erreichten eine harte Lehmfläche. Hier war die Spur

kaum zu erkennen. An einer Stelle schien der Fahrer einen Reifen gewechselt zu haben, da Abdrücke im Boden waren, die offensichtlich von einem Wagenheber stammten.

Der Hund interessierte sich nicht dafür. Er kroch in einem Gebüsch herum, das dicht am Rande der Lehmfläche wuchs. Da Bony selbst nichts Verdächtiges bemerken konnte, rief er Blue zu: »Such, Blue, such!«

Der Hund konnte einen Fuchs oder einen Dingo wittern, möglicherweise sogar einen Menschen. Bony folgte ihm zu einem großen Loch zwischen den Büschen. Es mußte früher einmal breit und tief gewesen sein, jetzt war es bis obenhin voller trockener Zweige.

»Such, Blue!« feuerte Bony den Dobermann erneut an, und der Hund fuhr hechelnd hin und her und verschwand schließlich unter einem Busch in einem breiten Loch, das zu einem Fuchsbau gehörte.

Das Resultat war in höchstem Maße komisch. Aus verschiedenen Löchern rasten etwa zwanzig Füchse, und da sie nicht an das grelle Sonnenlicht gewöhnt waren, stolperten sie über Wurzeln und Zweige und kugelten wild durcheinander. Als Blue zurückkam, war seine Schnauze grau-schwarz. Er mußte in einen Aschenhaufen geraten sein.

Asche? Jemand hatte also auf dem Boden dieses großen Erdtrichters ein Feuer angezündet und später die Überreste mit Zweigen abgedeckt. Weshalb?

Bony war den ganzen Tag in der drückenden Hitze umhermarschiert. Trotz seiner Müdigkeit räumte er die Äste und Zweige aus dem Erdloch. Immer tiefer gelangte er hinab.

Plötzlich schrammte er sich sein Handgelenk an einem Metallteil. Es war der Rahmen eines Fahrrades, dessen Reifen zweifellos hier an dieser Stelle verbrannt worden waren. Ohne auf seine Kleidung zu achten, wühlte Bony weiter. Er fand das Schloß eines Gürtels, Stiefelschnallen, die Porzellanverschlüsse von zwei Wassersäcken, die Absatzeisen eines Stiefelpaares, einen Rasierapparat und eine Rasierklinge. Dann lagen da noch drei Kochgeschirre, zwei kleine Pfannen und ein paar Dinge, die jeder, der durch den Busch wandert, in seinem Reisesack mit sich führt.

Nachdem er die Zweige wieder in das Loch zurückgeworfen hatte, drehte sich Bony eine Zigarette. Später setzte er mit dem Hund den Weg zu Rudders Brunnen und in Richtung auf den Lake Jane fort. Der Tag neigte sich seinem Ende zu – es war ein wunderbarer Tag gewesen. In Bonys Brotbeutel steckte ein Teil seiner Beute, und in der Brusttasche seines Hemdes befand sich ein kleines Pferdchen aus Kunststoff.

Langsam senkte sich die Dunkelheit herab, nur der westliche Horizont war noch in rote und violette Farben getaucht. In der Ferne glühten die Berggipfel.

Der Mond ging in Bonys Rücken auf. Wie eine riesige Orange hing er am Himmel. Ein sanfter Wind kühlte ihm Nacken und Arme. Blue gebärdete sich plötzlich ganz aufgeregt. Dieser Wind brachte einen bestimmten Geruch mit sich.

16

An diesem Abend herrschte Stille im Herrenhaus am ›Lake Jane‹. Die Downers hatten sich aus L'Albert alte Zeitungen und Zeitschriften mitgebracht, und jetzt saßen die beiden Männer im Wohnzimmer und lasen. Nur selten fiel ein Wort. Der Besuch in L'Albert hatte sie müde gemacht, und außerdem waren sie enttäuscht, Bony nicht vorzufinden. Sie verstanden durchaus, daß er einen Ausflug gemacht hatte, aber der Nachsatz auf dem Zettel, er kehre vielleicht erst am nächsten Tag zurück, verwunderte sie in höchstem Maße.

Der Tag hatte noch einen anderen Mißklang gebracht. In L'Albert war darüber diskutiert worden, ob die Eingeborenen sich auch tatsächlich noch weiter um Regen bemühten. Die Pointers wußten es nicht. Darum fuhren Eric und Robinia nach dem Mittagessen im Lieferwagen hinaus zum Bohrloch zehn. Bei ihrer Rückkehr berichteten sie, die Männer seien noch immer vom Lager abwesend und besängen ihre Regensteine. Ihren Frauen und Kindern hätten sie nicht gestattet, sie zu begleiten. Beide waren schlecht gelaunt, und die Eltern waren sich wortlos darüber einig, daß Robinia und Eric sich nicht wie ein verliebtes Paar benommen hatten.

Die unregelmäßig am Himmel vorüberziehenden Wolken waren niemandem entgangen. Als die Downers bei Sonnenuntergang wieder nach Hause fuhren, hatten sie den Eindruck, daß sich am westlichen Horizont erneut dicke Wolken zusammenzogen.

Die Stille im Zimmer wurde nur durch das Umblättern der Zeitungsseiten unterbrochen.

»Ah, da haben wir's, mein Junge!« sagte John plötzlich betont gut aufgelegt. »Hör mal zu. Dieser Wundervirus, der die Myxomatose verursacht und vor wenigen Jahren noch die Kaninchen zu Millionen dahinraffte, ist inzwischen überholt. Die Kaninchen, die die erste Infektion überleben, geben ihre Immunität an die Nachkommenschaft weiter.«

Eric brummte desinteressiert, und sein Vater fuhr mit Genugtuung fort: »Die Kaninchen ausrotten – welch eine verrückte Idee! Glaubt tatsächlich jemand, unsere australischen Kaninchen ausrotten zu können? Wenn durch die Atombomben der letzte Mensch von der Erde verschwunden sein wird, werden die Kaninchen immer noch herumlaufen und die Gammastrahlen aufschlecken. Und diese Leute nennen sich Wissenschaftler! Ich bin nur ein arbeitsamer alter Mann, aber ich habe immer gewußt, daß die Karnickel sich nicht unterkriegen lassen. Wenn wir jetzt noch genügend Kaninchen hätten, würden die Füchse und Dingos nicht über unsere Schafe herfallen.«

»Beruhige dich doch«, bat Eric.

John las den Artikel schweigend zu Ende. Dann platzte er wieder heraus:

»Ich wußte es doch, daß diese Viren auch für die Menschen gefährlich sind, mein Junge. Den ganzen Tag hat Mrs. Pointer über Kopfschmerzen geklagt. Die Nase verstopft und geschwollen, die Augen tränen ... genau wie bei den Kaninchen, bevor sie sterben. Nein, sagen diese Wissenschaftler, Myxomatose ist nicht auf den Menschen übertragbar. O nein! Und was haben sie erreicht? Sie haben den Kaninchenbestand reduziert – vorübergehend! –, und die Farmer konnten mehr Schafe züchten. Und wozu, frage ich dich? Um mehr Steuern zu bezahlen, damit unsere Politiker noch eifriger in der Welt herumreisen können. Ich habe immer gesagt –«

Wütend warf Eric die Zeitung auf den Tisch. »Sei doch endlich still!« Er stand auf, knallte die Tür hinter sich zu und ging in sein Schlafzimmer. John runzelte die Stirn, zuckte die Achseln und blies die Petroleumlampe aus. Dann tappte er schweren Herzens in sein eigenes Zimmer.

Er war sicher, sich stundenlang herumwälzen zu müssen, aber schon wenige Minuten später schlief er tief und fest. Er glaubte, gerade erst eingeschlafen zu sein, als ihn eine Stimme von der Veranda weckte.

»He! Kommt schnell heraus. Das wird euren Augen guttun!«

John erkannte Bonys Stimme. Er hörte Erics Schritte im Nebenzimmer und nahm sich nicht erst die Zeit, den alten Morgenrock überzuwerfen. Er öffnete die Tür und trat auf die Veranda. Bony lehnte an der Brüstung, Blue hockte neben ihm.

Der Mond stand im Zenit und segelte durch ein purpurnes Meer, in dem die Sterne wie winzige phosphoreszierende Punkte leuchteten. Sein Licht ergoß sich über einen riesigen Gletscher, dessen untere Seite pechschwarz war. Tief in diesem Gletscher flackerten Blitze, und der grollende Donner wurde übertönt durch das ferne, monotone Trommeln des Regens.

Vom Südwesten her schob sich die mächtige Wolkenbank langsam näher. Ihr leuchtendes Weiß hob sich in scharfem Kontrast von dem purpurfarbenen Himmel ab.

Immer mehr näherte sie sich dem Lake Jane. Sie erreichte den Mond, schien höher zu steigen und löschte den Mond schließlich aus.

Über das Haus legte sich die Stille vor dem Sturm. Man vernahm das nie enden wollende Geschwätz der Wasservögel, die keine Anzeichen von Furcht verrieten.

Die Dünen am jenseitigen Ufer verschwanden nicht allmählich im schwarzen Zentrum des Sturmes – sie waren mit einem Schlage unsichtbar. Jetzt stand die dunkle Mauer über dem Wasser.

»Die Fenster!« schrie Eric und stürzte ins Haus, wo er klirrend die Fenster schloß. Bony und John Downer regten sich nicht. Sie hatten das Gefühl, daß der Lake Jane, das Haus und sie selbst von der schwarzen Wolkenwand vernichtet werden sollten.

Die Männer zogen sich rasch ins Haus zurück und verriegelten die Tür.

Eric hatte die Petroleumlampe angezündet. Die drei Männer standen um den Tisch und warteten. Es herrschte eine unnatürliche Stille. Dann kam der Sturm, und der Regen stürzte sich mit ohrenbetäubendem Brüllen über das Wellblechdach.

Eine nervöse Spannung ergriff Eric. Er spürte, wie das Haus erzitterte, und sah es bereits in den See gefegt. Als Bony seinen Brotbeutel auf einen Stuhl warf, gab es ein klirrendes Geräusch. Der Alte hüpfte vor Freude in die Höhe und schlug mit den Armen um sich. Das donnernde Brüllen des Sturmes tönte wie Musik in seinen Ohren.

Die Zeit des langsamen Sterbens war vorüber. Das Leben begann wieder von neuem. Es gab drei- und vierjährige Kinder, die niemals einen Regentropfen gesehen hatten und morgen früh, wenn sie vors Haus liefen, beim Anblick des vom

Himmel herabfallenden Wassers erschrocken aufschreien würden.

»Es regnet!« brüllte der alte Downer. »Hört ihr – es regnet! Endlich ist die Dürre vorbei.«

Eric beugte sich über den Tisch und drehte den stark qualmenden Docht der Petroleumlampe zurück. Bony drehte sich eine Zigarette und meinte, eigentlich könne man jetzt etwas essen. Dieser Vorschlag brachte Eric wieder zu sich. Er nickte und ging zum Herd. Nachdem er Feuerholz aufgelegt hatte, goß er einen Schwapp Petroleum darüber und warf ein brennendes Streichholz darauf. Mit einem dumpfen Knall, der den ganzen Herd erschütterte, entzündete sich das Holz.

Eric legte ein Tischtuch auf, während Bony zum Spültisch trat und den Wasserhahn aufdrehte. Seit sechs Monaten war von der Zisterne auf dem Dach kein Tropfen Wasser mehr gekommen. Zunächst rieselte Schlamm heraus und eine trübe Brühe, aber dann lief plötzlich klares Wasser über seine Hände. Als Eric es sah, wurde er von einem hysterischen Lachkrampf geschüttelt. Die Zisterne gab wieder Wasser her – das war der Beweis, daß die Dürre überstanden war.

Bony trocknete sich die Hände am Küchenhandtuch und schob das Fenster hoch. Tief atmeten die drei Männer die frische, würzige, aromatische Luft in die Lungen. John trat näher ans Fenster und schnüffelte. Dann drehte er sich um und verschwand durch die Verandatür.

Die Uhr auf dem Kaminsims zeigte vierzig Minuten nach Mitternacht, als Bony sich an den Tisch setzte und sich über Känguruhkoteletts und Brot hermachte. Eric hatte Tee in die emaillierten Töpfe geschenkt und saß ihm nun gegenüber. Gedankenverloren lauschte er, wie der Regen auf das Blechdach trommelte.

»Blue ist irgendwo im Haus«, rief Bony durch das Dröhnen. »Haben wir noch ein paar Knochen für ihn?«

»Eigentlich sollte er nicht im Haus sein«, erklärte Eric. Er pfiff, und nach kurzem Zögern kam der Dobermann aus dem Vorderzimmer. Er bot ein Bild des Schuldbewußtseins, und in seinen Augen stand die Furcht vor dem Ungewohnten. Eric tätschelte ihn und gab ihm einen Knochen, worauf sich der Hund auf den Teppich legte und genußlos kaute. Er fürchtete wohl, jeden Augenblick hinausgeschickt zu werden.

Dann verstummte das donnernde Trommeln auf dem Dach mit einem Schlag.

»Das war schrecklich«, sagte Eric. »Es müssen über siebzig Millimeter gewesen sein.«

John erschien in der Verandatür. »Kommt mal raus und hört euch das an. Jede Rinne und jeder Bach gluckert. Und die Vögel scheinen sich aufgeregt darüber zu unterhalten.«

Eric winkte unwirsch ab und wandte sich an Bony.

»Sie müssen ja einen ordentlichen Marsch gemacht haben. Anscheinend haben Sie gerochen, daß Regen kommt.«

»Ich war draußen bei Rudders Brunnen, als ich bei Sonnenuntergang die Regenwolken sah«, erwiderte Bony. Er war sich klar darüber, daß der Regen seine Spuren verwischt hatte. Auch der Erdtrichter mit dem Fahrradrahmen würde jetzt voller Wasser stehen.

»Na, und was haben Sie Interessantes gefunden?«

»Ein paar Kleinigkeiten. Die beiden Reisebündel und das Fahrrad sind verbrannt. Die metallischen Überbleibsel habe ich mitgebracht. Die Reste des Fahrrads waren zu unbequem für einen Transport, das Zeug habe ich zurückgelassen.«

»Wollen Sie sagen, daß es sich um Brandts Rad, sein Bündel und um das von Dickson handelt?«

»Ich würde es wohl sonst kaum erwähnt haben.«

»Allerdings«, meinte Eric. »Aber sind Sie denn absolut sicher, daß es sich um Brandts Rad handelt? Und daß diese Bündel auch wirklich ihm und diesem Dickson gehört haben?«

»Das Fahrrad läßt sich einwandfrei identifizieren. Die Reisebündel ...«

»Ja, natürlich kann man das. Aber zum Teufel, Bony, das gibt doch alles keinen Sinn. Sie haben diese Sachen draußen bei Rudders Brunnen gefunden. Wieso dort draußen? Sie wissen schon, was ich meine. Warum das Zeug dorthin schaffen? Nur, um es zu verbrennen?«

»Mir ist es stets leichter gefallen, Fragen zu stellen, als Fragen zu beantworten«, wich Bony aus. Eric wollte gerade zu einer Erwiderung ansetzen, als ein einzelner Regentropfen auf das Dach fiel. Beide Männer lauschten auf den nächsten. Er kam wenige Augenblicke später, dann ein dritter ... Es begann wieder zu regnen. John erschien in der Tür und sagte überflüssigerweise: »Es regnet wieder, mein Junge. Komm mal raus und hör dir das an.«

»All right, wir kommen in einer Minute«, brummte Eric. »Wo war denn diese Feuerstelle, Bony?«

»Zwischen den beiden Futterplätzen. Die Spur eines Wagens führte ganz in der Nähe vorbei. Sie läuft in nordöstlicher Richtung über die Futterplätze hinaus. Es kann allerdings ebensogut ein Lieferwagen wie ein Personenauto gewesen sein.«

»Ich habe keine derartige Spur gesehen.«

»Das ist verständlich, Eric. Sie fuhren Ihren Lastwagen und hatten über Ihre Schafe nachzudenken. Ich jedoch ging zu Fuß.«

»Das stimmt allerdings.« Eric musterte Bony nachdenklich. Der Regen fiel heftiger auf das Blechdach, und John rief nochmals nach ihm. »Na, dann wollen wir endlich mal rausgehen. Moment, ich will nur rasch noch den Tisch abräumen.«

»Als Sie im vergangenen September vom Urlaub zurückkehrten, haben Sie da auf dem Weg zu Rudders Brunnen die Spuren eines Wagens bemerkt?«

»Nein«, erwiderte Eric kopfschüttelnd. »Wir haben allerdings auch nicht darauf geachtet. Wir dachten nur an die Schafe und sorgten uns, daß etwas mit dem Brunnen passiert sein könnte, nachdem Brandt verschwunden war. Wir hatten ja keinen Grund, auf fremde Wagenspuren zu achten.«

»Stimmt«, sagte Bony ruhig, und als Eric das Tischtuch zusammengefaltet hatte, leerte er den Inhalt seines Brotbeutels auf den Tisch. »Haben Sie eine Ahnung, wie Brandt sich rasiert hat?«

»Mit Klingen. Ich habe einmal gesehen, wie er sich morgens rasierte. Hm! Das könnte sein Rasierapparat sein!«

Der alte Mann kam zurück. Er konnte sich nicht erklären, was die beiden im Zimmer zurückhielt. Mit seinem Zeigefinger rückte er die Sachen auseinander, die auf dem Tisch lagen, und fragte Bony, wo er das Zeug gefunden habe. Im übrigen zeigte er kein großes Interesse daran. Er lauschte auf das Trommeln des Regens, das war weit interessanter als diese Gegenstände, die Männern gehört hatten, die längst tot waren.

»Packen Sie das Zeug doch bis morgen früh weg. Kommen Sie lieber raus und hören Sie sich an, wie das Wasser plätschert und wie die Vögel zwitschern. Jetzt wird alles wieder wachsen.«

Damit ging er wieder hinaus. Eric drehte sich eine Zigarette.

»Dann kann meine Theorie sich also doch nicht als richtig erweisen. Ein Unbekannter – oder mehrere – kamen aus dem Norden, begingen diese Morde und verschwanden wieder in nördlicher Richtung. Auf ihrem Fluchtweg verbrannten sie das Rad und die Reisesäcke. Was halten Sie davon?«

»Sie können recht haben«, gab Bony zu. »Der einzige, von dem ich weiß, daß er einen alten Wagen besitzt, ist Nuggety Jack.«

»Der war es nicht«, sagte Eric. »Ich weiß genau, daß Nuggety Jack um diese Zeit kein Benzin hatte und sich deshalb Pferde vor sein Auto spannte. Es ist völlig unmöglich, daß wir es nicht bemerkt haben sollten, wenn er hier und draußen bei Rudders Brunnen herumkutschiert wäre.«

»Der Regen wird die ganze Nacht anhalten«, sagte Bony.

Dann fügte er hinzu: »Well, blieben also nur noch die Pointers mit ihrem Lieferwagen übrig.«

Erics Augen funkelten. »Was wollen Sie damit sagen?«

Bony blickte auf.

»Eine bisher unbekannte Person fuhr mit einem Personen- oder Lieferauto quer durch die Koppel von Rudders Brunnen. Und das ungefähr zur Zeit, als die Morde passierten«, stellte er ruhig fest. »Der Betreffende verbrannte das Fahrrad und die beiden Bündel in einem Erdtrichter und bedeckte die Überreste mit Gestrüpp. Wir stimmen überein, daß der Wagen nicht Nuggety Jack gehört haben kann. Der Schwarze scheidet deshalb als Verdächtiger aus. Eine andere Möglichkeit wäre Jim Pointer mit seinem Lieferwagen. Ich sagte Möglichkeit, nicht Wahrscheinlichkeit. Darum wollen wir also Jim Pointer ebenfalls ausscheiden. Wir könnten natürlich auch noch Midnight Long mit seinem Lieferwagen in Betracht ziehen. Es besteht absolut kein Grund zur Aufregung, wenn man die verschiedenen Möglichkeiten abwägt und schließlich ausscheidet.«

»Entschuldigung. Ich bin Ihren Gedanken nicht ganz gefolgt.« Eric drehte sich eine neue Zigarette. »Wie wäre es –«

Er wurde von seinem Vater zum Schweigen gebracht. Der Alte war hereingekommen, packte Bony am Arm und schüttelte ihn, während er seinen Sohn scharf anblickte.

»Ihr mit eurer verdammten Mordgeschichte!« brüllte er. »Was hat es denn für einen Sinn, immer wieder über denselben Blödsinn zu quatschen? Kommt endlich raus und hört euch an, wie sich die Vögel über den schönsten Mord aller Zeiten unterhalten – über den Mord an König Trockenheit.«

17

Die Dürre war zu Ende. Die ausgetrocknete und ausgelaugte Erde bereitete sich vor, in ihrem Schoß wieder neue Frucht reifen zu lassen.

Der Regenmesser am Lake Jane hatte versagt, aber einen leeren Petroleumkanister fand man zu einem Drittel mit Regenwasser gefüllt. Auf diese Weise waren die Downers imstande, die gefallene Regenmasse auf etwa zweihundertdreißig Millimeter zu schätzen. Der Regen kam in der günstigsten Jahreszeit – am Ende des Sommers, Wochen bevor kalte Winterwinde und gelegentliche Fröste einsetzten.

Die Menschen waren noch immer zum Nichtstun verurteilt. Die kleinen Bäche führten zum erstenmal seit Jahren wieder Wasser. Frösche, die im trockenen Schlamm geschlafen hatten, krochen aus der nassen Erde hervor, hüpften herum und erfüllten mit ihrem unermüdlichen Quaken die Luft. Sie vermehrten sich unglaublich in der kurzen Zeit, bevor die große Invasion der Vögel einsetzte. Die Zikaden bohrten sich ihren Weg aus den Tiefen herauf, warfen die alten Hüllen ab und schafften sich Flügel an. Handgroße Falter schlüpften aus Baumstämmen und unter Wurzeln hervor, und aus den Termitenbauten stiegen Myriaden von geflügelten Insekten wie Rauch aus einem Miniaturvulkan. Der Tag, der auf die große Regenflut folgte, gehörte den geflügelten Insekten.

Am zweiten Tag kamen die Vögel. Sie verdunkelten den Himmel über dem Lake Jane und brachten durch ihr ununterbrochenes Landen und Starten die Wasserfläche zum Brodeln. Am Vormittag des dritten Tages rief John Downer Bony herbei, um ihm die ersten sprießenden Halme zu zeigen. Am folgenden Morgen hatten die Dünen ein grünes Kleid übergestreift, und innerhalb einer Woche strich der Wind über wogende Grasflächen.

»In gewisser Hinsicht ist so eine Dürre geradezu ein Segen«, sagte John Downer an einem Nachmittag, als er mit Bony auf der Veranda saß. »Wenn nicht hin und wieder eine Trockenheit käme, würde der Busch so dicht, daß wir uns nicht einmal mehr mit der Planierraupe hindurcharbeiten könnten. Auf Schritt und Tritt würde man auf Schlangen treffen, und das Ungeziefer fräße einen glatt auf. So eine Dürre hält das Land sauber.«

»Ganz bestimmt«, pflichtete Bony ihm bei.

Eric hatte schweigend dabeigestanden. Jetzt sagte er: »Wir haben kilometerweit bestes Weideland, wir haben Wasser in Hülle und Fülle – aber kein Schaf, keine Kuh und kein Pferd.«

»Keine Sorge, mein Junge, wir kaufen wieder ein paar Schafe«, erwiderte John fröhlich. »Und ein oder zwei Pferde und auch ein paar Kühe. Ich habe immer noch ein paar Schillinge auf der Bank. Als nächstes werden wir uns um den Viehkauf kümmern. Wir müssen mal mit Midnight Long darüber sprechen. Wann glaubst du mit dem Lastwagen die Kreuzung passieren zu können?«

»Morgen. Seit gestern ist kein Wasser mehr darüber geflossen. Wenn allerdings der Darling Hochwasser führen sollte und die Kreuzung weiter unter Wasser steht, dann kann es lange dauern. Es hängt eben ganz davon ab, wie weit diese Regenfront nach Norden gezogen ist.«

»Bei Ihrer nächsten Fahrt nach L'Albert könnten Sie mich mitnehmen«, bat Bony. »Im Augenblick bin ich hier fertig. Ich habe mich wirklich sehr wohl gefühlt bei Ihnen.«

»Das Vergnügen war ganz unsererseits«, erwiderte Eric, und sein Vater pflichtete ihm bei. Eric fügte hinzu: »Ich werde jetzt ein oder zwei Enten schießen und bei dieser Gelegenheit nach der Kreuzung sehen. Vielleicht sollte ich auch den Pointers ein paar Vögel mitnehmen. Wir stehen noch tief in ihrer Schuld.«

Eric verschwand, und wenige Sekunden später sahen sie ihn

mit dem Gewehr zum See hinuntergehen, der Hund an seiner Seite.

»Er erholt sich großartig – genau wie das Land«, meinte John. »Es war eine schwere Zeit für ihn. Er ist ein braver Junge, und er hat viel aufgegeben, um hier zu bleiben.«

»Vielleicht heiratet er bald?«

»Ich hoffe es ebenso wie Jim Pointer. Die beiden jungen Leute würden ein gutes Paar abgeben, wie?«

»Ich glaube schon«, erwiderte Bony. »Sie sind sich sehr ähnlich und haben Charakterzüge, die eine glückliche Ehe gewährleisten würden. Sie brauchen nichts weiter als ein wenig finanzielle Sicherheit und Vertrauen in die Zukunft. Das brauchen wir alle. Hat Eric eigentlich außer der Schafzucht auch noch andere Interessen?«

»Doch, ich denke schon«, meinte John. »Er hängt noch sehr an seiner Schule. Bevor ihn die Dürre seelisch so belastete, interessierte er sich auch für Tierheilkunde. Er beabsichtigte sogar, in Melbourne einen Kurs mitzumachen. Es ist nur gut, daß er nicht so gern wie sein Alter Herr auf Sauftouren geht. Er trinkt schon mal ein oder zwei Glas in Gesellschaft, aber längst nicht so wie ich.«

»Die Jugend hat eben eine andere Vorstellung davon, wie man sein Geld ausgeben soll.«

»So ist es, Bony. Wenn man diesen jungen Leuten sechs Whiskys gibt, kippen sie um.«

»Wie hat er eigentlich den Urlaub in Mindee verbracht? Da ist doch nicht viel los. Kein Kino und kein Tanzlokal, nicht?«

»Nein, nichts dergleichen. Er ist auch nicht die ganze Zeit über in Mindee geblieben. Zwischendurch war er mal in Broken Hill und hat ein paar Freunde besucht. Da drüben gibt es ja genügend Amüsement. Eric ist ein guter Tänzer, er kann auch ein wenig singen. Aber seinen Alten Herrn vergißt er nicht. Er weiß genau, wann er ihn abholen muß. Sie waren gewiß schon in Broken Hill?«

»Ja, schon mehrmals. Bei mir weiß man ja nie, wohin mich mein nächster Fall führt.«

Die beiden Schüsse aus Erics Gewehr scheuchten nahezu tausend Vögel auf. Wie eine dunkle Wolke erhoben sie sich über dem Lake Jane. Die Enten strichen über die Dünen, während die Schwäne und Pelikane sich schwerfällig vom Wasser erhoben. Eric wartete mit schußbereiter Büchse an der Kreuzung. Blue apportierte inzwischen die Beute. Wieder knallte ein Schuß, und Bony sah, wie eine Ente dicht neben Eric zu Boden fiel.

»Er ist ein guter Schütze, John.«

»Er ist überhaupt ein guter Sportler. In der Schule war er großartig im Zehnkampf, kam sogar in die Zeitung. Wir haben die Berichte gesammelt und in ein Buch geklebt. Es liegt im Schatzkästchen meiner Frau. Hoffentlich bekomme ich die Uhr wieder, auf dem Innendeckel war ein Bild von meiner Frau. Sind Sie sicher, daß sie nicht zusammen mit den Reisesäcken verbrannt worden ist?«

»Absolut sicher«, erwiderte Bony ruhig. »Und Sie wissen genau, daß sonst nichts fehlte? Kein Ring, kein Halsband, kein Armreif?«

»Nichts bis auf die Uhr und die beiden Kärtchen mit den Locken.«

Die Enten ließen sich wieder auf dem See nieder, nur die größeren Vögel schienen es nicht so eilig zu haben. Eric kam mit vier prallen schwarzen Enten zurück und meinte, man würde morgen mit dem Lastwagen die Kreuzung passieren können.

»Ich hätte das Boot nehmen sollen«, fügte er hinzu. »Würdet ihr mir nicht helfen, es hinunter zum Wasser zu bringen?«

»Sie meinen das neue Boot?«

»Ja. Es ist gestern fertig geworden. Das alte habe ich abgewrackt wegen der Beschläge. Die brauchen wir noch.«

Das neue Boot war viel besser geraten, es erwies sich aber

für seine Länge als ungewöhnlich schwer, weil das rechte Material gefehlt hätte. Mit seinem spitzen Bug und dem breit ausladenden Heck sah es sehr schnittig aus. Es hatte einen flachen Kiel und zwei Ruderbänke.

Es war mühevoller, als sie gedacht hatten, das Boot hinunter zum Ufer zu bringen. Als es schließlich auf dem See schwamm, begann es voll Wasser zu laufen.

»Himmel!« rief John. »Es muß besser kalfatert werden. Aber schließlich wird ja auch das Holz quellen, und dann schließen sich die Fugen.« Eric lachte, und Bony stellte erneut fest, wie anziehend er wirkte, wenn er guter Laune war.

»Los, rasch mit dem Boot an den Strand, bevor es sinkt«, kommandierte Eric. »Ich habe vergessen, den Spund hineinzustecken.«

Mit großer Mühe gelang es ihnen, das halb vollgelaufene Boot wieder an Land zu ziehen. Eric holte den Spund und eine Schöpfkelle. Er schlug den Spund ein und schöpfte Wasser aus. Der zweite Stapellauf klappte einwandfrei.

»Schwimmt ja großartig!« rief John begeistert. »Besser als das alte. Und es ist auch geräumig genug, um zu dritt zum Fischen zu fahren. Jetzt müssen wir es nur noch auftakeln.«

Das Boot wurde wieder an den Strand gezogen.

»Ich hole das Ruder. Muß mal eine Probefahrt machen«, sagte Eric und ging.

»Wieder ein neues Interessengebiet«, stellte Bony fest und blickte John mit hochgezogenen Brauen an.

»Stimmt. Jetzt, nachdem die Dürre überstanden ist, wird er wohl noch an vielerlei Dingen Interesse zeigen.« Seine Augen leuchteten vor Stolz. »Er kann seine Herkunft eben nicht verleugnen. Seine Mutter war eine willensstarke Frau, und wenn er sich einmal zu etwas entschließt, dann ist nichts mehr zu befürchten.«

Wenige Minuten später kam Eric mit einem einzelnen Ruder zurück. Er zog die Stiefel aus, schob das Boot ins Wasser und stieg über den Bug ein. Er stand aufrecht und ließ das Boot mächtig schaukeln. Nachdem er festgestellt hatte, daß es einwandfrei auf dem Wasser lag, schob er es mit dem Riemen vom Strand ab.

»Es ist besser gelungen, als ich glaubte, Bony«, murmelte John. »Eric war immer sehr gründlich. Vor allem, wenn man bedenkt, daß er ja nur ein paar Bretter und etwas Eisenblech zur Verfügung hatte. Ich habe ihm lediglich gezeigt, wie er die Spanten machen sollte, und das hat er im Handumdrehen begriffen.«

An diesem Abend verlebte Bony seine unbeschwertesten Stunden am Lake Jane. Eric war fröhlich, und der alte John glücklich darüber, daß sein Sohn endlich seinen Kummer vergessen zu haben schien. Sie spielten bis Mitternacht Karten.

Am nächsten Tag fuhren sie nach L'Albert. Sie wären niemals mit dem Wagen durchgekommen, wenn John nicht den Lotsen gespielt hätte. Er besaß eine unvorstellbare Kenntnis der verhältnismäßig festen Stellen. Wären sie dem Buschpfad gefolgt, würde der Wagen immer wieder steckengeblieben sein. Aber auch so brauchten sie Stunden für die neunzehn Kilometer.

Bony hatte noch niemals so viele Menschen auf dem Vorwerk gesehen. Eve Pointer winkte ihnen von der Veranda aus zu, und Robinia begrüßte sie mit strahlendem Lächeln. Jim sprach mit einigen Eingeborenen vor dem Lagerschuppen. Die Männer, Frauen und Kinder hatten Festtagskleidung angezogen, als wenn sie die Kirche einer Missionsstation besuchen wollten.

»Schön, euch einmal wiederzusehen«, sagte Robinia und blickte Eric fest an, der hinter dem Steuer saß. John wollte wissen, wieviel Regen in L'Albert gefallen sei. Knapp über zweihundertfünfzig Millimeter, wurde ihm gesagt. Eric erkundigte sich, was das für ein Palaver beim Schuppen sei.

»Die Regenmacher wollen sich ihren Lohn abholen«, erwiderte Robinia, und die Schatten in ihren Augen wichen. »Ihr wißt ja, daß Vater ihnen Tabak und Marmelade versprochen hat, wenn sie Regen machen. Na, und wie sie Regen gemacht haben! Also, steigt aus und kommt herein. In ein paar Minuten ist das Mittagessen fertig.«

»Sag mal, du glaubst doch wohl nicht im Ernst an diesen Unsinn mit dem Regenmachen«, spöttelte Eric.

»Aber warum denn nicht?« verteidigte sich Robinia. »Bony machte den Vorschlag, die Eingeborenen zu veranlassen, Regen zu machen. Vater versprach ihnen Marmelade und Tabak dafür. Sie gruben an ihrem geheimen Platz die Regensteine aus und besangen sie. Und danach hat es geregnet. Das ist doch wohl eine Tatsache, wie?«

»Es hat geregnet, wozu also dieser Streit?« mischte John sich ein. »Kommt, wir wollen aussteigen. Ich habe keine Lust, den ganzen Tag hier sitzenzubleiben. Sie sehen gut aus, Robinia. Wie geht's Mutter gesundheitlich?«

»Seit es geregnet hat, besser«, erwiderte sie. »Wir haben jetzt wieder unseren Garten angelegt, diese Arbeit hat Mutter abgelenkt.«

Beim Essen ging es fröhlich zu, obwohl das kalte Hammelfleisch zäh und die Kartoffelportion sehr klein war. Eve Pointer war wegen ihrer Backkunst weit und breit bekannt, und der Kuchen aus getrockneten Aprikosen erntete großes Lob bei ihren Gästen.

Nach dem Essen gingen John, Eric und Jim Pointer zu dem Lager der Eingeborenen, um mit Nuggety Jack wegen der bald anfallenden Arbeiten zu sprechen. Mrs. Pointer räumte zusammen mit der einzigen Eingeborenen, die sie augenblicklich als Hilfe hatte, die Küche auf. Bony saß mit Robinia auf der Veranda und blickte auf den offenen Platz, der von den Nebengebäuden und den Männerquartieren begrenzt wurde.

»Wie sind die Eingeborenen eigentlich hergekommen?«

fragte Bony, der sich faul und zufrieden fühlte. »Wahrscheinlich zu Fuß, möchte ich annehmen.«

»Anders ist das gar nicht möglich, Bony. Und die Mädchen und die alten Frauen haben das ganze Gepäck geschleppt, während die Herren und Meister gemütlich vorausspazierten. Ich wünschte, ich wäre auch ein Mann.«

»Ihre letzte Bemerkung möchte ich überhören. Sind alle Eingeborenen von Bohrloch zehn herübergekommen?«

»Alle, bis auf Tonto. Der liegt mit einer bösen Erkältung nieder. Warum diese Neugier?«

»Ich muß drauflosschwatzen, damit Sie nicht auf die Idee kommen, mich auszufragen«, entgegnete Bony. »Ich kann mich gut an Ihre Drohung erinnern.«

»Ach, machen Sie sich nur keine Sorgen. Inzwischen habe ich etwas mehr Respekt vor Ihnen. Dutzende von Kriminalbeamten trampelten hier herum. Sie aber stöbern innerhalb weniger Tage Brandts Fahrrad und die Überreste der beiden Reisebündel auf. Was haben Sie eigentlich sonst noch gefunden?«

»Eine Menge. Und ich hoffe noch mehr zu finden, nachdem der Regen den Staub abgewaschen hat. Welche Sorte Whisky trinkt eigentlich Ihr Vater?«

»Wie ... welchen Whisky? Vater trinkt überhaupt keinen Whisky. Eine wirklich seltsame Frage.«

»Freut mich, das zu hören. Alkohol ist für den Menschen eine Gefahr. Ist das Telefon zur Stammfarm noch in Ordnung?«

»Heute morgen hat Vater noch mit Mr. Long gesprochen. Fragen Sie nur ruhig weiter, Bony.«

Robinias dunkle Augen blitzten herausfordernd. Sie wirkte kühl und keineswegs verlockend. Das kurzgeschnittene schwarze Haar paßte wundervoll zu der Form ihres Kopfes.

»Noch eine Frage«, sagte Bony. »Sie trugen Ihr Haar früher länger. Warum haben Sie es abschneiden lassen? Warum gerade zu der Zeit, als Paul Dickson aufgefunden wurde?«

»Weil es wieder einmal nötig war!«

18

Bony fand keine Gelegenheit, seine Frage zu wiederholen. Robinias Mutter erschien und begann ein Gespräch darüber, wie sehr sich doch jetzt die Welt verändert habe. Die Männer kehrten vom Lager der Eingeborenen zurück. Dann rief der alte John Midnight Long an. Sie unterhielten sich über den Regen, über das Futter, über die Schafe und wie die Aussichten stünden, neue Tiere zu bekommen – da jeder jetzt vermutlich kaufen wollte. Die große Neuigkeit war, daß der Verwalter seine Agenten angewiesen hatte, für Fort Deakin sechshundert Muttertiere zu erstehen. Sie würden voraussichtlich zusammen mit den auf Pensionsweide befindlichen Schafen ankommen.

Als die Downers zum Lake Jane abgefahren waren, bat Bony, telefonieren zu dürfen. Er wurde in Pointers Büro geführt.

»So, Jim, nun können wir uns einmal in Ruhe unterhalten. Sie haben doch Zeit?«

»Natürlich, schießen Sie los«, erklärte der Verwalter des Vorwerks. »Da Sie das Fahrrad und die Reisebündel gefunden haben, dürfte es eine ganze Menge zu erzählen geben.«

»Am Tag, bevor der Regen kam, gab ich den Downers Briefe mit, die zur Post sollten. Ich nehme an, diese Briefe liegen noch hier in L'Albert?«

»Nein. Zufällig kam ein Regierungsinspektor auf seinem Weg nach Mindee vorbei. Er nahm die Post mit. Der Mann wollte über Nacht in Fort Deakin bleiben, ich kann deshalb nicht sagen, ob er nach dem Wetterumsturz noch nach Mindee durchgekommen ist.«

»Dann hätte ich gerne mit Sergeant Mawby gesprochen.«

»Bitte! Dort steht das Telefon. Sie müssen zunächst Mr. Long anrufen, er wird Sie dann mit Mindee verbinden.«

»Oh, Sie sind es, Inspektor«, ertönte Midnight Longs Stimme. »Nett, wieder einmal von Ihnen zu hören.«

Bony erkundigte sich nach den Briefen und erfuhr, daß sie vor vier Tagen nach Mindee mitgenommen worden waren. Long versprach, Sergeant Mawby anzurufen und zurückzuläuten, wenn die Verbindung hergestellt sei.

»Sie haben wahrscheinlich nicht allzuviel zu tun, solange die Schafe noch nicht dort sind?« wandte Bony sich an Pointer. Der Verwalter erwiderte, daß er dem Inspektor jederzeit gern zur Verfügung stünde. Seine dunklen Augen blickten den Inspektor ruhig und offen an, und Bony vertraute auf seine Menschenkenntnis.

»Was zwischen uns gesprochen wird, ist streng vertraulich. Ich kann mich darauf verlassen, Jim?«

»Ich gebe Ihnen mein Wort.«

»Das erleichtert vieles.« Bony zündete sich eine Zigarette an. »Sie haben ja inzwischen erfahren, daß ich Brandts Fahrrad und die Überreste der Reisebündel fand. Das ist jedoch nicht alles. Es gibt noch andere Dinge, die ich für mich behielt und auch noch weiterhin für mich behalten muß. Ich brauche Informationen und Unterstützung. Ich habe – bildlich gesprochen – eine Kreuzung erreicht, und von den weiteren Ermittlungen wird es abhängen, ob ich den einen oder anderen Weg beschreite. Verstehen Sie mich recht: Ich weiß nicht, was mich am Ende des Weges erwarten wird. Deshalb brauche ich Ihr Wort, mit niemandem über unsere Unterredung zu sprechen. Was ich zunächst von Ihnen wissen möchte: Tonto wurde mit einer Erkältung am Bohrloch zurückgelassen. Blieb keiner seiner Verwandten bei ihm?«

»Nein. Seine Frau und seine anderen Angehörigen kamen mit Nuggety Jack zu uns nach L'Albert.«

»Sie trafen heute ein?«

»Gestern abend. Ich ließ sie hinter dem Wollschuppen kampieren, da ihr Lagerplatz unter Wasser steht.«

»Dieser Tonto – ist er nicht vor längerer Zeit einmal ziemlich mißhandelt worden?«

»Ja, das stimmt«, erwiderte Pointer. »Er hätte ins Krankenhaus gehört, aber er wollte nicht. Diese Burschen sind unglaublich zäh.«

»Möglich, daß er im Augenblick erkältet ist, Jim. Ich halte es jedoch für wahrscheinlicher, daß er sich von einer Tracht Prügel erholt, die ich ihm verabreichte.« Als Pointer ihn ungläubig anblickte, fügte Bony hinzu: »An jenem Tag, als ich das Rad und die Reisebündel fand, wurde ich beobachtet. Ich war mir dessen sicher, als der Mond herauskam und der Dobermann einen Menschen witterte. Wir erreichten nach Einbruch der Dunkelheit das Gattertor bei Rudders Brunnen. Sie wissen, daß es laut knarrt. Ich überzeugte mich davon, als ich es öffnete und wieder schloß. Mein Verfolger sollte glauben, daß ich es passiert hatte. Statt dessen wartete ich auf ihn. Er öffnete das Tor nicht, sondern kletterte hinüber. Der Dobermann ist außerordentlich gut erzogen. Ich befahl ihm, still zu sein, und er gab keinen Laut. Ich lauerte also meinem Verfolger auf und brandmarkte ihn mit einem Stück Stacheldraht. Es könnte Tonto gewesen sein – genau weiß ich das nicht.«

»Sie konnten ihn nicht erkennen?«

»Nein. Er verschwand wie der Blitz, und ich besah mir mit Hilfe von ein paar Streichhölzern seine Fußspuren. Sie stammten zweifellos von einem Eingeborenen. Ich hätte ihn natürlich verhaften können, würde aber vermutlich kein Wort aus ihm herausgebracht haben. Darum wollte ich ihn zeichnen, um ihn später anhand der Kratzer wiederzuerkennen. Wenn es sich nun herausstellen sollte, daß es tatsächlich Tonto war – was wollte er von mir? Wer hetzte ihn mir auf die Fersen und warum?«

»Wir könnten ja morgen zum Bohrloch fahren und uns den Schwarzen ansehen.«

»Er ist bestimmt nicht mehr da. Nein, ich habe einen besseren Plan. Wir könnten – Entschuldigung.«

Bony nahm den Hörer ab, als das Telefon klingelte. Midnight Long sagte, daß die Verbindung mit Mindee hergestellt sei.

»Tag, Mawby!« rief Bony. »Hier ist Bonaparte. Netter Regen, wie?«

»Wundervoll. Er wird dem Land guttun. Und wie geht es Ihnen?« Die Stimme des Sergeanten klang träge wie immer.

»Ich bin jetzt wieder für ein paar Tage in L'Albert. Die Laborgutachten über die eingesandten Haare sind noch nicht da, nehme ich an?«

»Nein. Ich mußte sie nach Sydney schicken. Es kann noch drei, vielleicht aber auch fünf Tage dauern. Der Regen hat ja den ganzen Verkehr aufgehalten.«

»Geben Sie mir bitte gleich Bescheid, sobald Sie das Gutachten haben.« Bony blickte zu Pointer, und ihre Blicke kreuzten sich. »Betrifft Abschnitt vier meines Briefes, die Zeit September – Oktober letzten Jahres. Stellen Sie das genaue Datum fest, an dem er Mindee verließ und wann er nach Mindee zurückkehrte. Es ist durchaus möglich, daß er gar nicht nach Broken Hill fuhr. Bitten Sie das Kommissariat, in allen Hotels und Garagen Erkundigungen nach dem Lastwagen einzuziehen.«

Die Stimme des Sergeanten klang müde. »In Ordnung, Inspektor. Ich kümmere mich darum.«

»Außerdem möchte ich noch wissen, ob er in Broken Hill Schmuck gekauft hat. Und – falls sich das heute noch feststellen läßt – bringen Sie bitte in Erfahrung, ob er vor seiner Abfahrt aus Mindee noch zusätzliches Benzin kaufte. Das wäre im Augenblick alles.«

»Ich werde es nachprüfen«, sagte der Sergeant und wiederholte Bonys Anweisungen. »Demnach sind Sie also der Aufklärung des Falles sehr nahe?«

»Ich bin erst ganz am Anfang. Wie geht es Ihrer Frau?«

»Es war schlimm, aber der Regen scheint ihr gutgetan zu haben.«

Bony legte den Hörer auf und drehte sich eine Zigarette. Pointer starrte auf die dunklen, schmalen Hände des Inspektors, während seine Gedanken wild durcheinanderwirbelten.

Als er aufsah, blickte er in die strahlenden blauen Augen seines Gegenübers.

»Well?«

»Ich konnte nicht umhin, zuzuhören«, erwiderte Pointer.

»Es war meine Absicht. Wirklich. Jim, ich weiß nicht, wie es nun weitergeht. Ich habe zahlreiche Morde aufgeklärt, die mir das aufregende Gefühl gaben, ein Jäger zu sein, der hinter dem Wild her ist. Andere Fälle habe ich mehr mit akademischem Interesse behandelt. Dann gab es Fälle, die mich sehr traurig stimmten. Und dazu gehört auch die Angelegenheit von ›Lake Jane‹. Ich wünschte, ich könnte mich zurückziehen und die Sache auf sich beruhen lassen. Aber das ist unmöglich. Wir sind Gefangene der Verhältnisse, in denen wir zu leben gezwungen sind. Ich, Sie und Ihre Familie, die Downers und sogar Nuggety Jack und seine Leute. Wenn wir noch heute abend zum Bohrloch zehn fahren – wie nahe könnten wir mit Ihrem Lieferwagen an den Platz herankommen?«

»Wir werden von Glück sagen können, wenn wir den halben Weg schaffen. Denken Sie an die Überschwemmungen.«

»Wenn wir kurz vor Sonnenuntergang aufbrechen, können Sie mich ein ganzes Stück weit bringen, bevor die Dunkelheit die Weiterfahrt schwierig macht. Hin und zurück sind es zweiunddreißig Kilometer. Hm, eine ganz schöne Strecke. Wäre die Straße in guter Verfassung, würde ich Sie nicht um Ihre Unterstützung bitten. Wollen Sie es versuchen?«

»Selbstverständlich. Wenn wir noch bei Tageslicht losfahren, können wir vielleicht bis fünf Kilometer an die Stelle herankommen, mit ein wenig Glück sogar noch etwas weiter.«

»Gut! Und dieser Ausflug bleibt ganz unter uns, nicht wahr? Vielen Dank, Jim.«

Der Neger Tonto hatte die Schule besucht und konnte einem beispielsweise sagen, wo Estland liegt. Unter den weißen Männern und Frauen gab es unter hundert vielleicht einen, der dies wußte. Geographie war seine starke Seite, wie übrigens bei allen Eingeborenen; schon die Kinder zeichnen mit Vorliebe Landkarten in den Sand. Als Tonto die Schule verließ, konnte er ausgezeichnet lesen und schreiben.

Tonto war der moderne Durchschnittsneger. Man gibt eine Menge Geld für ihre Erziehung aus, errichtet aber gesellschaftliche Schranken, so daß sie mit ihrer Bildung nicht viel anfangen können.

Das Totem seines Stammes war der Dingo, aber in letzter Zeit schien es ganz so, als brächte ihm der australische Wildhund kein Glück. Sogar seine eigenen Hunde waren ihm am Tag vorher weggelaufen. Sie hatten es vorgezogen, seiner Frau zu folgen, die mit den anderen nach L'Albert gegangen war. Tonto war anfangs bei den Zeremonien des Regenmachers dabeigewesen, aber dann hatte er plötzlich einen Auftrag bekommen.

Hungrig hockte er jetzt vor seinem kleinen Feuer unter den Kiefern am Bohrloch zehn. Hinter den zuckenden Flammen schien ihm die Welt wie durch einen schwarzen Vorhang verhüllt. Um sich herum spürte er die Geister seiner Vorfahren, doch alle zusammen waren nicht so stark wie Napoleon Bonaparte, der ihm plötzlich in den Nacken blies.

»Vorsicht, Tonto. Keine Bewegung! Fühlst du die Pistole?«

Tonto regte sich nicht. Er spürte die Pistolenmündung kühl auf seiner Haut in der Nierengegend. Er stieß ein hartes Keuchen aus. Ein Mann, der sich unbemerkt hinter einen schleichen und einem ins Genick pusten konnte, verdiente größten Respekt.

»Lege dich langsam auf den Rücken, Tonto«, befahl Bony. »Die Beine lang ausgestreckt.«

Tonto gehorchte. Von unten herauf sah er Bony wie einen Riesen vor sich stehen. In seiner Rechten glitzerte Metall.

»So bleibst du jetzt liegen.« Bony schob mit den Füßen Holz ins Feuer und die Flammen loderten hell auf. »Du kannst dich aber auch setzen, wenn du die Beine lang ausgestreckt läßt.«

Tonto setzte sich und starrte finster über das Feuer hinweg auf den Mann. Seine Gedanken überstürzten sich. Seine Muskeln gegen ein Geschoß? Das Ergebnis würde denkbar einfach sein, und darum verhielt er sich passiv. Statt dessen beschäftigte ihn ein anderes Problem: Welche Rechte hatte ein unbewaffneter Bürger einem bewaffneten Polizeibeamten gegenüber? Tonto sah nicht besonders gut aus. Eine weißliche Strieme lief über seine linke Wange bis zum Kinn.

»An dem Tag, bevor Nuggety Jack und Dusty den Regen machten, hast du mich bei Rudders Brunnen verfolgt«, knurrte Bony. »Du hast zwei Känguruhs aufgescheucht, du hast dich von einer Krähe sehen lassen, du hast den neuen Wind von dir zu meinem Hund kommen lassen, und du bist über das Gattertor bei Rudders Brunnen geklettert. Das habe ich bestätigt, indem ich dich zeichnete. Tonto, ich mag dich nicht.«

Auf diese Negerphrasen antwortete Tonto kurz und bündig und bemerkenswert fortschrittlich: »Na und?«

»Du weißt, daß ich ein großer Polizeimann bin«, fuhr Bony fort. Er hoffte immer noch, aus dem Eingeborenen etwas herauszubekommen. »Du weißt, weshalb ich nach L'Albert kam und warum ich zum Lake Jane ging. Du bist über das Gattertor gestiegen, damit ich dich nicht hören sollte. Diese Schramme in deinem Gesicht stammt von einem Stück Stacheldraht. Jeder weiß eine Menge über den anderen, Tonto.«

Mit ausgestreckten Beinen auf dem Boden zu sitzen wird auf die Dauer recht unbequem. Bony gestattete Tonto, die Knie anzuziehen und die Arme darum zu schlingen. Er wußte, daß es keinen Sinn hatte, einem Eingeborenen auf barsche Weise Fragen zu stellen. Das wäre reine Zeitverschwendung. Bony verfolgte darum eine andere Taktik – er stellte ganz einfach Tatsachen fest und beobachtete aufmerksam die Reaktionen, um daraus seine Schlüsse zu ziehen.

»Es hat mir nichts ausgemacht, daß du mir bei Rudders Brunnen nachgelaufen bist. Wir hätten ruhig zusammen gehen können. Auf diese Weise hätten wir wenigstens Unterhaltung gehabt. Ich habe dir die Schramme nicht beigebracht, weil du mich verfolgtest – ich wollte lediglich feststellen, wer eigentlich die Hunde am Lake Jane angekettet gelassen hatte, so daß sie sterben mußten.«

In Tontos Augenwinkeln glühte das Weiße auf.

»Das war wirklich häßlich von dir, die Hunde verdursten zu lassen«, fuhr Bony fort. »Man hatte dir doch ausdrücklich gesagt, sie loszulassen. Ich mache Nuggety Jack und den anderen keinen Vorwurf, daß sie dich deshalb verprügelten. Wie würde es dir gefallen, wenn jemand deine Hunde festbindet und sie verdursten läßt?«

»Das wäre mir gleich«, erwiderte Tonto. »Meine Hunde sind weg. Sie sind der Missis und den Kindern nachgelaufen.«

»Vielleicht macht es dir im Augenblick gerade nichts aus, Tonto. Aber die Hunde vom Lake Jane sind dir nicht weggelaufen. Die haben dir nichts getan.«

Wieder flackerten die Augen des Schwarzen verräterisch, und Bony notierte zufrieden einen Pluspunkt für sich. Jetzt wagte er eine direkte Frage.

»Also – warum hast du die Hunde nicht losgelassen?«

»Ich war krank. Hatte kranken Magen.«

»Tja, in diesem Fall bedauere ich, dich gebrandmarkt zu haben, Tonto. Ich konnte nicht wissen, daß du krank warst.« Seine Worte drückten so viel Sympathie aus, daß Tonto sich sichtlich daran erwärmte. »Ich nehme an, daß du wußtest, warum du die Hunde losmachen solltest?«

»Nein.«

»Aber du bist doch verprügelt worden, weil du deinen Auftrag nicht ausführtest.« Tonto blieb stumm.

»Warum wurdest du also verprügelt?« drang Bony weiter in ihn. »Die Hunde sind ja doch tot. Und was bedeuten überhaupt ein paar Hunde? Sie gehörten doch nicht Nuggety Jack. Auch nicht Dusty oder einem anderen Eingeborenen. Bist du also sicher, daß man dich nur deshalb verprügelte, weil du sie nicht losmachtest? Hatte die Tracht Prügel nicht einen anderen Grund?«

Tonto blieb auch weiterhin stumm, aber er vergaß seine Augen zu schließen. Er hatte erkannt, daß er in eine Falle gegangen war, und seine Augen verrieten alles.

»Nuggety Jack wird bald meine Spuren finden und wissen, daß wir beide uns ein wenig unterhalten haben«, fuhr Bony fort. »Darum möchte ich dir einen Vorschlag machen, Tonto. Wie wäre es, wenn du mal einen Ausflug unternehmen würdest? Du gehst nach Mindee zu Sergeant Mawby. Ich werde ihn anrufen und ihm sagen, daß er dich auf der Polizeistation beschäftigen soll – aufräumen, saubermachen und dergleichen. Er kann dich auch als Spurensucher einsetzen. Ich weiß zufällig, daß sein Spurensucher davongelaufen ist; er braucht also einen neuen. Nun, was hältst du davon?«

»Nichts. Der Sergeant wird mich einsperren.«

»Aber nein! Ich werde ihm ja ausdrücklich sagen, daß er dir einen Job gibt.«

Tonto wurde langsam wütend.

»Na schön«, meinte Bony. »Was willst du also machen? Willst du hier sitzenbleiben und darauf warten, daß Nuggety Jack dir wieder eine Tracht Prügel verabreicht? Und Prügel wirst du bestimmt bekommen, weil du mir erzählt hast, daß du krank warst, anstatt die Hunde loszulassen!«

»Ach, zum Teufel mit Ihnen. Sie haben mich hineingezogen in die ganze Geschichte. Sie –«

»Wer hat dir gesagt, daß du mir bei Rudders Brunnen nachspüren sollst?«

»Nug ... Ich sage nichts. Zum Teufel mit Ihnen!«

»Schön, dann mußt du eben die Folgen tragen«, meinte Bony lässig. »Bleib ruhig hier und laß dich von deinen Leuten umbringen, wenn du es nicht doch vorziehen solltest, nach Mindee zu gehen. Dort wird dich der Sergeant davor beschützen, halb totgeschlagen zu werden. Oder du machst dich einfach aus dem Staube, egal wohin. Ich will dir etwas sagen, Tonto: Wenn ich dich in L'Albert sehen sollte, lasse ich dich zehn Jahre lang einsperren, weil du die Hunde nicht losgekettet hast.« Bony hielt mit der linken Hand zwei Päckchen Preßtabak in die Höhe. »Die lasse ich dir zurück. Und wenn ich gegangen bin, dann nimm sie dir und lauf um dein Leben.«

19

Um zehn Uhr trafen Jim Pointer und Bony wieder in L'Albert ein. Bony war der Ansicht, daß sich die Fahrt gelohnt hatte. Da Pointer seinen Bezirk sehr gut kannte, war es ihm möglich gewesen, noch vor Einbruch der Dunkelheit bis auf drei Kilometer an das Bohrloch heranzufahren. Die Rückfahrt war einfach gewesen, da sie jetzt nur der eigenen Spur zu folgen brauchten.

Pointer wußte nichts über den Inhalt der Unterredung mit Tonto, statt dessen berichtete ihm Bony nähere Einzelheiten über die Wagenspur in Rudders Pferch und über die Auffindung des Erdtrichters und dessen Inhalt.

Im Hinblick auf Tontos Zugeständnisse, die Nuggety Jack in das immer noch undurchsichtige Bild des Falles gebracht hatten, wollte Bony unbedingt wissen, ob der Häuptling zu der Zeit, zu der Paul Dickson ermordet wurde, im Besitz von

Benzin gewesen war. Pointer verneinte dies mit Entschiedenheit. Der Wagen des Häuptlings sei zu jener Zeit von zwei Pferden gezogen worden. Bony hingegen war sicher, daß der Wagen in Rudders Pferch nicht von Pferden gezogen worden war. Nuggety Jack schied also in dieser Hinsicht mit Wahrscheinlichkeit aus.

Auf dem Vorwerk angekommen, bat Bony, das Büro benützen zu dürfen. Er habe noch Berichte zu schreiben und wolle ungestört nachdenken. Jetzt saß er neben dem Schreibtisch vor der großen Wandkarte.

Auf dieser Karte, die den nördlichen Teil von Fort Deakin, das Gebiet des Vorwerkes L'Albert mit dem Lake Jane im Osten und Jorkins Soak im Westen zeigte, waren alle Einzelheiten verzeichnet: sämtliche Bohrlöcher und Brunnen, die Verbindungsstraßen und Buschpfade, die Dünen, Sandbänke und Wasserläufe sowie alle Bodenvertiefungen, in denen sich während der letzten hundert Jahre Wasser angesammelt hatte. Ein früher mit dem Fall beschäftigter Polizeibeamter hatte mit Bleistift die Namen aller zur Zeit von Dicksons Ermordung in diesem Distrikt lebenden Bewohner eingetragen.

Bony hatte in den offiziellen Akten verschiedene Theorien über die beiden Morde gelesen, und auch die Downers und die Pointers hatten ihre eigenen Vermutungen mitgeteilt. Alle diese Theorien verwarf Bony, weil sie wichtige Tatsachen unbeachtet ließen.

Seine eigenen Ermittlungen hatten jetzt einen Punkt erreicht, der die Annahme rechtfertigte, daß die beiden Verbrechen von einer Person begangen worden waren, und zwar von einer Person, die in dem auf dieser Landkarte eingezeichneten Gebiet lebte.

Weder die Polizei noch einer der hier Ansässigen hatte einen glaubwürdigen Grund für die beiden Morde nennen können, und auch Bony sah bei dem jetzigen Stand seiner Ermittlungen noch keinerlei Motiv. Immerhin war er nun überzeugt, daß die beiden Männer zur gleichen Zeit und am gleichen Ort erschlagen worden waren. Brandts Leiche hatte man aus zwei Gründen achtundzwanzig Kilometer vom Tatort entfernt vergraben: Erstens, um die Polizei glauben zu machen, Dickson sei von Brandt ermordet worden, und zweitens, um auf diese Weise das Hauptaugenmerk auf die Verfolgung von Brandt zu lenken. Wäre nicht zufällig Brandts Leiche gefunden worden, wäre die Fahndung nach ihm weitergelaufen, bis man den Fall schließlich eines Tages ad acta gelegt haben würde.

Nun aber, nach den Enthüllungen von Tonto, war das Hauptaugenmerk auf Nuggety Jack und dessen Medizinmann Dusty zu richten.

Bony wandte sich von der Karte ab und drehte sich sechs Zigaretten. Er zündete eine an und nahm Pointers Tagebuch, das auf dem Schreibtisch lag. Das erste Datum, das ihn interessierte, war der 1. August. Er überflog die an diesem Tag eingetragenen Notizen.

›Nuggety Jack brachte Hundefelle und erhielt Gutschrift über 26 Pfund. Wollte Benzin haben; da unser Treibstoffvorrat jedoch nur gering, ihm nichts ausgehändigte.‹ In Klammern hatte Pointer hinzugefügt: ›Jack kommt am Bohrloch zehn gut zurecht. Überredete ihn, fünfzehn Pfund des Geldes stehenzulassen, als Reserve für Notzeiten.‹

Dann folgte ein ebenfalls stichwortartig gefaßter Bericht über die Ermittlungen der Polizei. Er nahm so viel Platz ein, daß Pointer noch eine leere Seite hatte einkleben müssen. Ein anderer Eintrag betraf den Besuch Pointers mit Frau und Tochter am Lake Jane. Sie hatten sich angesehen, wie das Wasser über die Kreuzung in das ausgetrocknete Bett des Sees geflutet war. ›Die Frauen erlebten dieses Schauspiel zum erstenmal. Wir paddelten über die Kreuzung und brachten die Downers auf unsere Seite. Dort kochten wir über einem Feuer Tee. Ein nettes Picknick!‹

Ein anderer Eintrag berichtete über die Fahrt zu Rudders

Brunnen. Das war der Tag, an dem Jim Pointer zusammen mit Midnight Long Eric Benzin und Öl gebracht hatte.

Wochen später hatte Pointer geschrieben: ›Robinia heute bei den Downers. Eric hat nun doch die letzten Schafe töten müssen, um Wolle und Felle zu retten. Ich sprach mit Mr. Long darüber, er pflichtete mir bei, daß es ein harter Kampf für Eric gewesen sei. Robinia las irgendwo, man gewinnt eine Schlacht nur auf Kosten einer anderen, die man verlor.‹

»Wie wahr ist doch dieses Wort«, murmelte Bony. »Wie viele Schlachten mußte ich schon verlieren, bis ich eine gewonnen hatte.«

Er saß tief in Gedanken versunken da, als es an der Tür klopfte. Bony öffnete, und Robinia kam mit einem Tablett.

»Da Sie zu sehr beschäftigt sind, um mit uns zu essen, komme ich zu Ihnen. Darf ich?«

»Aber gern«, erwiderte Bony und schob rasch das aufgeschlagene Tagebuch zur Seite, um Platz für das Tablett zu schaffen. »Wir werden nett miteinander speisen und im Gespräch wieder einmal die Klingen kreuzen.«

Sie setzten sich seitlich an den Schreibtisch. Das Licht der Petroleumlampe fiel auf Robinias seidiges schwarzes Haar und strich den Liebreiz ihres ovalen Gesichtes hervor. Ihre Augen, in denen goldene Pünktchen reflektierten, musterten Bony prüfend. Ein Zauber schien sich über die beiden Menschen gesenkt zu haben. Schließlich beugte sich Robinia vor und las den Eintrag im Tagebuch, mit dem Bony sich gerade beschäftigt hatte.

»Das war schrecklich, Bony«, sagte sie bekümmert. »Ich denke noch oft daran. Erics erbitterter Kampf war vergeblich gewesen. Er mußte an diesem Tag seine letzten Schafe töten.«

»Das war die Schlacht, die er verlor. Und welches war die Schlacht, die er gewann?«

»Er hat sie noch nicht gewonnen, Bony.«

Er sah ihr zu, wie sie Kaffee einschenkte. »Erlauben Sie mir, einmal ganz offen zu sein, Robinia? Glauben Sie, daß wir so gute Freunde sind, um offen miteinander sein zu können?«

Ihre dunklen Augen besaßen die gleiche Kraft wie die seinen, und als sich ihre Blicke trafen, war es fast wie ein Duell. Gespannt wartete er auf ihre Antwort.

»Ich weiß nicht«, erwiderte sie schließlich. »Sehen Sie, Bony – ich kenne Sie doch gar nicht. Manchmal erinnern Sie mich an einen Mann, der einmal bei uns arbeitete. Er hieß Harry Thrumb.« Noch immer fochten ihre Blicke miteinander. Die dunklen Augen des Mädchens wichen den strahlend blauen des Mannes nicht aus. »Er hatte einen weißen Vater und eine schwarze Mutter. Er sah besser aus als Sie und besaß das, was man Sex-Appeal nennt. Aber er war ein oberflächlicher Mensch. Nicht besser als die Eingeborenen, die man auf die Schule schickt und aus denen letztlich doch nichts wird. Sie gehören nicht zu dieser Sorte, Bony, das weiß ich. Sie sind einer von jenen Menschen, denen ich noch nie begegnet bin. Sie liegen außerhalb meiner Erfahrungen. Und darum weiß ich nicht, ob ich offen zu Ihnen sein kann.«

Ein koboldhaftes Lächeln huschte über sein dunkles Gesicht, und ohne den Blick zu senken, sagte er: »Trinken Sie eigentlich gern kalten Kaffee?«

Das brachte sie aus der Fassung. Sie lachte. »Sehen Sie nun, was ich meine? Bei Ihnen weiß man nie, was Sie als nächstes tun werden. Sie sind ganz einfach anders als die Männer, die ich bisher kannte.«

»Dann lassen Sie uns mit unserem Rededuell beginnen. Ich weiß genau, daß Sie dem nicht ausweichen werden. Wir sind ziemlich ebenbürtige Gegner in dieser Hinsicht.«

»Dessen bin ich nicht ganz sicher.«

»Ich werde der erste sein, der um Gnade fleht. Zucker? Ich nehme an, daß Sie Ihre Pferde sehr vermissen?«

»Gewiß. Aber sie werden ja bald wieder hier sein. Das Gras wächst jetzt schnell.«

»Und schon bald wird diese Dürre nur noch eine unangenehme Erinnerung sein.«

»Für mich wird sie immer ein Alptraum bleiben.«

»Warum behalten Sie dann diese Bilder, die Sie doch ständig daran erinnern werden?«

»Vielleicht behalte ich sie gar nicht. Aber sie bedeuten mir mehr.«

»Die Schlacht, die Eric verlor, war die gleiche, die Sie verloren?«

»Wie meinen Sie das? Ich habe doch nicht um die Erhaltung der Schafe gekämpft.«

»Natürlich nicht, aber um etwas anderes, das mit diesem Kampf in Zusammenhang stand. Was ist zwischen Sie und Eric getreten?«

Sie verfärbte sich, und ihr Gesichtsausdruck wurde hart. Ohne ihn anzublicken, sagte sie: »Finden Sie nicht, daß Sie etwas zu weit gegangen sind?«

»Ja und nein. Gerade erst haben Sie mir erklärt, daß ich außerhalb Ihres Erfahrungsbereiches stünde. Sie hingegen bedeuten mir durchaus keine neue Erfahrung. Ich bin viele Jahre älter als Sie. Ich verstehe mehr von Ihren Problemen, als Sie zu ahnen scheinen. Sie und Eric führen jetzt einen Kampf. Sie haben beide eine Schlacht verloren und hoffen, diese neue zu gewinnen. Vielleicht ist Eric sich dessen gar nicht bewußt, und das macht mir ein wenig Sorge. Man sagt immer, das Rezept für einen erfolgreichen Film sei ganz einfach: Junges Mädchen findet Mann, es verliert ihn, und zum Schluß bekommt sie ihn dann doch. Sie fanden Eric, dann verloren Sie ihn. Nun müssen Sie ihn zurückerobern, sonst gibt es kein Happy-End, Robinia. Aber das wissen Sie ja selbst sehr genau.«

»Ich verstehe nicht, was Sie das angeht, Bony. Aber Sie haben recht. Es ist etwas zwischen mich und Eric getreten. Und damit Sie beruhigt sind, will ich es Ihnen sagen – es war die Dürre. So, und nun wollen wir von etwas anderem reden.«

»Nein.«

»Aber erlauben Sie!«

»Sie hörten es – ich sagte nein. Es war nicht die Dürre, die Sie und Eric auseinanderbrachte, sondern ein Ereignis während der Dürre.« Er drückte Robinia auf den Stuhl zurück. »Bitte, bleiben Sie. Lassen Sie uns die Sache bis zum Ende durchsprechen.«

Seine Stimme, aus der Ruhe und Autorität sprachen, hielt sie zurück. Dies hier war ein Mann, wie sie noch nie einen erlebt hatte. Keine Spur mehr von dem netten, höflichen Bony, als den er sich auf L'Albert eingeführt hatte. Robinia versuchte, sich ins Bewußtsein zu rufen, daß er ja doch nur ein Mischling sei, nicht besser als Thrumb und all die anderen. Aber dann erkannte sie, wie albern dies war.

»Ich würde mich schwer hüten, in Ihre privatesten Probleme einzudringen, wenn ich nicht das sichere Gefühl hätte, daß sie in engem Zusammenhang stehen mit einem viel größeren Problem, mit dem ich mich zu beschäftigen habe«, fuhr der Inspektor fort. »Und selbst dann hätte ich nicht davon gesprochen, wenn ich nicht befürchten müßte, daß diese Angelegenheit Sie und mich und noch andere Personen betrifft.«

»Wie meinen Sie das?« vernahm sie ihre eigene, hohl klingende Stimme.

»Wir besitzen doch alle diesen sechsten Sinn, den man gemeinhin Intuition nennt«, erwiderte Bony. »Bei Frauen ist er ausgeprägter als bei Männern, und bei den Eingeborenen wiederum ausgeprägter als bei den Weißen. Ich besitze diesen sechsten Sinn, der mich warnt, wenn eine Gefahr im Anzug ist. Intuition ist nicht Wissen, und deshalb kann ich Ihnen auch nicht sagen, was ich befürchte. Ich kann Ihnen lediglich raten, mir keine Information vorzuenthalten, die für die Aufklärung meines Falles von Wichtigkeit sein könnte.«

Robinia Pointer saß unbeweglich, ihr Blick war leer.

»Ich will Ihnen aber eine Schwäche eingestehen«, fuhr Bony

fort, und der strenge Ausdruck seines Gesichtes milderte sich ein wenig. »Es gereicht mir häufig zum Nachteil, daß ich mich zu sehr von meinen Gefühlen leiten lasse. Sie waren sehr liebenswürdig zu mir, und ich kann Sie nicht einfach deshalb, weil es für meine Ermittlungen wichtig wäre, ins Kreuzverhör nehmen. Aber denken Sie nicht, Sie hätten mich entwaffnet, als ich Ihnen gegenübertrat. Sie tragen die Verantwortung für all das, was vielleicht hätte verhindert werden können, wenn Sie offen zu mir gewesen wären.«

»Ich habe Ihnen nichts zu sagen«, murmelte Robinia. »Vielleicht hege ich eine Vermutung, aber nicht einmal dessen bin ich mir restlos sicher. Haben Sie etwa mich im Verdacht? Sie fragten mich neulich, warum ich mir zu dem Zeitpunkt, als die Morde passierten, die Haare schneiden ließ. Was bezweckten Sie mit dieser Frage?«

»Zur Zeit von Dicksons Ermordung«, korrigierte Bony. »Sie haben einen Bewunderer in Wachtmeister Sefton, und er erwähnte mir gegenüber, wie gut Ihnen die neue Frisur stünde. Sie werden sich erinnern, daß ich Ihnen die Frage stellte, als wir auf der Veranda saßen und uns ein Wortgefecht lieferten. Bei einem solchen Duell ist doch alles fair, oder?«

»Darüber kann man geteilter Meinung sein.« Robinia blickte ihn forschend an. »Ich glaube, mit Ihnen sollte ich mich überhaupt nicht mehr einlassen. Sind Sie etwa der Ansicht, daß ich ein von Liebesschmerzen gepeinigtes Wesen bin?«

»Nein. Aber etwas Ähnliches könnte durchaus passieren, und das wird von Ihnen selbst abhängen. Ich möchte es Ihnen kurz illustrieren: Dieser Raum hier ist jetzt voller Zigarettenqualm. Es liegt in Ihrer Hand, ob Sie die Tür öffnen und frische Luft hereinlassen oder ob Sie es vorziehen, in dieser stickigen Atmosphäre sitzenzubleiben. Die vergangene Dürre können wir übrigens auch mit der verbrauchten Luft in diesem Zimmer vergleichen. Hier wurde allerdings eine Tür geöffnet – der Regen kam und säuberte und erneuerte die Luft.

Jetzt können Sie ein Bild malen von Dünen mit wogendem Gras und bunten Blumen. Was gab Ihnen eigentlich die Anregung zu dieser Szene, unter die Sie schrieben: ›Und niemals werden sie sich finden‹?«

»Die Tatsache, daß der Osten Osten ist und der Westen Westen. Ich habe das auf unsere Verhältnisse übertragen. Schwarz und Weiß werden sich niemals ganz verstehen, weil die inneren Gegensätze zu groß sind.«

»Kipling kann sich geirrt haben. Das Adverb stimmt nicht. Statt ›niemals‹ müßte es ›selten‹ heißen. Das würde ich akzeptieren.«

»Nein!« rief Robinia heftig. »Dem stimme ich nicht zu! Ich sage niemals!«

Sie erhob sich und nahm das Tablett. In ihren Augen standen Tränen, und ihre Stimme bebte vor Zorn. »Ich wollte mich nicht mit Ihnen streiten, aber Sie haben mich dazu gebracht. Gute Nacht.«

20

Viele Monate hatte man die Wäsche mit dem harten Brunnenwasser waschen müssen. Es war ein Segen, daß sich die Regenzisternen nun wieder gefüllt hatten.

Am folgenden Morgen um sieben Uhr entschlossen sich Mrs. Pointer und Robinia, die Eingeborenenfrauen den ganzen Tag mit Wäschewaschen zu beschäftigen. Die Feinwäsche mußte man allerdings sorgfältig wegschließen, da sie sonst zweifellos dem Eifer der Waschfrauen zum Opfer fallen würde.

Die Frauen kamen um halb acht. Zunächst Mrs. Nuggety Jack – klein, energisch und nicht mehr jung. Dann Hattie, die Gattin des Medizinmannes, eine Frau mit üppigen Proportionen, geschwätzig und ewig kichernd. Sie wurden begleitet von zwei Jungen, die Holz hacken und die Kessel heizen sollten. Vermutlich würden sie das so gründlich besorgen, daß normalerweise jedes menschliche Wesen in der dampferfüllten Waschküche ersticken müßte. Es war nicht einfach mit diesen Leuten: Entweder taten sie zuviel oder zuwenig. Um acht Uhr war die Arbeit bereits in vollem Gange.

Aus einiger Entfernung und gedeckt durch den mächtigen Holzstoß, beobachtete Bony das Treiben. Dicke Dampfschwaden drangen aus Tür und Fenstern der Waschküche. Die beiden Jungen, die für die Heizung der Kessel verantwortlich waren, trieben sich in Bonys Nähe herum. Anfänglich hatten sie ihn mit Mißtrauen betrachtet, aber jetzt bestürmten sie ihn mit Fragen. Wo er geboren sei, was der Rang eines Inspektors zu bedeuten habe, wie weit seine Ermittlungen in den beiden Mordfällen gediehen seien und wen er verhaften wolle. Die Jungen waren durchaus nicht ungebildet. Robinia hatte sich um sie gekümmert, und Nuggety Jack besaß einen Rundfunkapparat, den sie eifrig benützten.

Ab und zu tauchte eine der Waschfrauen aus den Dunstwolken auf und schrie nach Holz. Schließlich schob die fette Hattie unter Mrs. Nuggetys Kommando einen Schubkarren voll Wäsche zu den Wäscheleinen. Jetzt ging ein großes Gezeter los. Mrs. Nuggety als geborene Organisatorin verlangte, daß die Bettbezüge auf die eine, die Bettücher auf die zweite und die Unterwäsche auf die dritte Leine gehängt werden sollten, während die Frau des Medizinmannes die Wäsche am liebsten so, wie sie gerade kam, über den Holzstoß gelegt hätte.

Bony fühlte sich zufrieden. Die Beschäftigung eines stillen Beobachters war doch dem Herumgelaufe bei Rudders Brunnen vorzuziehen. Die beiden Jungen, sie waren etwa vierzehn Jahre alt, trugen lediglich Drillichhosen. Die Frauen hatten bunte Tücher über ihr schwarzes Haar gebunden, ihre Röcke reichten kaum bis zu den Knien, die Baumwollblusen waren am Hals weit aufgeknöpft und die Ärmel hochgerollt. Ihre kohlschwarzen Augen glänzten vor Eifer, ihre großen Zähne blitzten, und auf ihrer Haut standen Schweißperlen. Nichts ist so erhebend wie das Gefühl, eine unentbehrliche Persönlichkeit zu sein.

Auf ihrem Weg zu den Wäscheleinen mußten die Frauen an Bony vorbei. Als sie mit dem leeren Schubkarren zurückkamen, begrüßte er sie mit einem kameradschaftlichen Lächeln. Die fette Hattie lächelte zurück und kicherte. Mrs. Nuggety runzelte die Stirn, nickte dann aber.

»Na, wie geht's mit der Arbeit?« fragte er, und sie blieben stehen, nachdem sie die erste Scheu überwunden hatten.

»Oh, gut! Und was machen Sie so?« entgegnete die kleine Häuptlingsfrau und betrachtete Bony von Kopf bis Fuß. »Guter Regen, wie?«

»Guter Regen vom schwarzen Mann«, meinte Bony und musterte die Häuptlingsfrau ebenso intensiv. Die Frau des Medizinmannes hatte über den Schubkarren gebeugt gestanden und richtete sich jetzt kichernd auf.

»Viel Regen, viel Tabak. Mehr Regen, mehr Tabak«, sagte sie.

Auch sie wurde von Kopf bis Fuß ungeniert gemustert, aber das nahm niemand übel. Die Frauen waren überwältigt von den blauen Augen des Fremden.

Sie gingen zur Waschküche zurück, und Bony setzte sich auf einen Holzklotz und rauchte.

Er wußte, daß sich diese Eingeborenen bereits recht gut assimiliert hatten. Völlig den Lebensgewohnheiten der Weißen würden sie sich allerdings nie anpassen können. Es hatte mehrerer Generationen bedurft, bis die Smiths und Browns in den Vorstädten der Großstädte heimisch geworden waren.

Die beiden Frauen, die Bonys Aufmerksamkeit erregt hatten, waren immer noch traditionsgebunden. Der Beweis dafür war der fehlende Vorderzahn bei jeder von ihnen. Der Zahn war ihnen zur Reifezeit ausgeschlagen worden, womit offiziell ihre Angehörigkeit zum Stamm dokumentiert wurde. Zudem hatten sie zwischen den Brüsten zwei Narben in Form eines Winkels, was besagte, daß sie einem Mann gehörten.

Robinia Pointer kam von der seitlichen Veranda und schob einen alten Kinderwagen vor sich her, der mit schmutzigen Vorhängen beladen war. Sie stellte den Wagen vor die Tür des Waschhauses, dann kam sie herüber zu Bony, setzte sich neben ihn und bat ihn um eine Zigarette.

»Ich habe sie verdient, Bony. Bitte, machen Sie mir eine.«

Mit besonderer Sorgfalt rollte er eine Zigarette, stopfte mit einem Streichholz an beiden Enden den Tabak fest und reichte sie Robinia zum Anfeuchten. Er riß ein Streichholz an, und sie musterte ihn über die Flamme weg aus ihren dunklen Augen.

»Na, machen Sie einen freien Tag?« fragte sie.

»Ich werde mit der Arbeit beginnen, sobald Sie frei sind.«

»Was habe ich denn mit Ihrer Arbeit zu tun?«

»Es soll oft vorkommen, daß ein Mann von seiner Frau zur Arbeit angetrieben werden muß«, erklärte Bony. »Ganz nebenbei – ich habe nicht gefaulenzt. Ich habe die beiden Jungen beaufsichtigt, das Holz für die Waschküche zu hacken. Schrecklich anstrengende Sache.«

»Das kann ich mir denken«, spöttelte Robinia. »Sie Ärmster, hoffentlich haben Sie sich nicht übernommen. Es ist jetzt halb zehn, und der Tee ist fertig. Würden Sie mich begleiten?«

»Das sind ermunternde Worte, meine Gnädigste. Erst dahin, dann dorthin.«

»Dorthin?«

»Erst dahin, zum Tee nämlich; und dann dorthin, um das Vorwerk zu besichtigen. Unter Ihrer liebenswürdigen Führung.«

»Aha, also noch mehr Ärger. Nun, wer gewarnt ist, ist halb gerettet. Lieber Himmel, geben wir heute morgen Platitüden von uns!«

Eine Stunde später brachen sie zu ihrem ›Besichtigungsgang‹ auf. Robinia wollte Bony den Maschinenschuppen zeigen, aber der Inspektor interessierte sich mehr für die Schurbaracke. Maschinenschuppen habe er schon genügend gesehen, erklärte er. Als sie zur Schurbaracke kamen, gestand er, daß ihn auch Schurbaracken schrecklich langweilten. Statt dessen sollten sie doch lieber zum Lager der Eingeborenen weitergehen, bat er.

Gegen die Pfosten und Zäune der Viehhöfe rings um die Schurbaracke hatte der Wind den Sand geweht, und das Gras stand bereits fünfzehn Zentimeter hoch. Bocksdorn und Wildspinat wucherten überall. In den Eukalyptusbäumen zirpten die Zikaden ihre endlosen Liebeslieder. Sie hätten eigentlich die Löcher im Boden, in denen sie Winterschlaf hielten, bereits im Frühling verlassen sollen. Jetzt war es Herbst.

»Warum wollen Sie die Eingeborenen besuchen?« fragte Robinia.

»Es geht mir wie allen Touristen«, entgegnete Bony. »Sie interessieren mich in anthropologischer Hinsicht. Wir werden sie um uns versammeln, und Sie werden mir sagen, ob eines der Schäfchen fehlt.«

Die Eingeborenen kampierten in einem Hain aus Kohlpalmen, die reichlich Schatten spendeten. Die Kinder, die draußen in der Sonne spielten, wären normalerweise beim Anblick eines Besuchers sofort in den Schutz der Palmen geflohen. Da sie jedoch Robinia kannten, rannten sie auf die beiden Ankömmlinge zu. Nuggety Jack, Dusty und einige andere Männer kamen herbei, um die Besucher zu begrüßen.

»Wir machen gerade einen kleinen Spaziergang«, erklärte Robinia. »Und da wir ohnehin hier vorbeikamen, wollte Inspektor Bonaparte euch gern guten Tag sagen.«

Alle Augen richteten sich auf Bony. Ernste Augen in fröhlichen Gesichtern. Einer der kleinen Nacktfrösche packte Robinias Hand, und ein zweiter, der ihm nicht nachstehen wollte, langte schüchtern nach Bonys Hand. Er blähte sich geradezu vor Stolz, als der Druck seiner kleinen schmierigen Finger erwidert wurde.

»War ein wundervoller Regen«, sagte Bony zu den Männern. »Mr. Long hat Mr. Pointer gesagt, daß er euch noch eine Kiste Marmelade und noch eine Dose Tabak geben soll, weil ihr so viel Regen gemacht habt.«

Die schwarzen Gesichter waren zufrieden, und Nuggety hielt es für angebracht, das Eisen zu schmieden, solange es heiß war.

»Wir sind sehr knapp mit Zucker«, sagte er. »Könnten wir nicht auch etwas Zucker bekommen?«

»Wir können ja Mr. Long sagen, daß Mr. Pointer noch einen Sack mit zwanzig Pfund Zucker zusätzlich gegeben hat.«

Nuggety war erfreut über seinen Sieg.

»Macht die Frau ihre Arbeit ordentlich in der Waschküche, Miss Robinia?« fragte er.

»Sie und Mrs. Dusty haben tüchtig gearbeitet, als wir weggingen«, erwiderte Robinia. »Aber Larry, was hast du denn mit deinem Gesicht gemacht?«

»Ich bin gestolpert und auf einen Stock gefallen, Miss Robinia«, antwortete der kleine Junge, dessen Wange und Stirn böse Schrammen aufwiesen.

»Zeig doch einmal her.« Robinia kniete nieder, um die Verletzung zu betrachten. »Du mußt zum Haus kommen, damit die Wunde ausgewaschen werden kann, Larry.«

Die Frauen und Mädchen hatten sich nun zu der Gruppe der Männer gestellt. Einige schienen in aller Eile ihr bestes Kleid angezogen zu haben. Bony fielen zwei Mädchen auf, die etwa gleichaltrig waren, die gleiche schlanke Gestalt hatten und auch dieselben Kleider trugen. Als sie sein Interesse bemerkten, lächelten sie und flüsterten miteinander, wobei Bony die Lücken in den Vorderzähnen bemerken konnte. Eine alte Frau lachte über die Bemerkung ihrer Nachbarin; auch bei ihr fehlte ein Zahn. Eine junge Frau, die nur mit einem Rock bekleidet war, nahm ihr Baby und stillte es. Sämtliche Frauen und auch die älteren Mädchen wiesen die winkelförmigen Narben zwischen den Brüsten auf, das Zeichen dafür, daß sie entweder verheiratet oder aber einem Mann versprochen waren.

Robinias Vertrautheit mit diesen Leuten war offensichtlich. Die kleinen Kinder drängten sich um sie, und die Mädchen überhäuften sie mit Fragen. Eines wollte wissen, ob sie neue Zeitschriften habe, mit schönen Kleidern drin.

Die Männer interessierten sich für Bonys Abstammung. Wo kam er her? War er schon sein ganzes Leben lang Polizeibeamter? War er verheiratet, und wieviel Kinder besaß er? Brust und Arme der Männer wiesen die üblichen Narben der Mannbarkeitsriten auf.

Plötzlich entdeckte Bony das junge Mädchen, das Pointer mit Lottee angeredet hatte. Sie mußte sich bisher im Hintergrund gehalten haben. Jetzt stand sie bei den älteren Frauen hinter der Männergruppe.

»Hallo, Lottee«, sagte Bony und nickte leicht mit dem Kopf. »Mrs. Long läßt nochmals fragen, ob Sie nicht als Hausmädchen zu ihr kommen möchten?«

Die Männer rückten auseinander, damit Lottee näher treten konnte. Das Mädchen schüttelte den Kopf und sah Bony furchtlos in die Augen. Der Inspektor spürte, daß er einer selbstbewußten und willensstarken Frau gegenüberstand.

»Wie ich bereits Mr. Pointer sagte, habe ich keine Lust, hinunter zum Fluß zu gehen«, erwiderte sie ruhig und bestimmt in ihrer akzentfreien Sprache.

»Sie sehen, Inspektor, sie möchte ihren alten Vater nicht verlassen«, rief Nuggety Jack, und alle lachten.

Bei Lottee fehlte kein Vorderzahn. Auch ihre Brust wies keine Narben auf. Der tiefe Ausschnitt ihres hübschen hellblauen Kleides ermöglichte Bony diese Feststellung.

Wie alt konnte dieses Mädchen sein? Die Eingeborenenfrauen reifen schnell. Vielleicht achtzehn – das mochte nicht schlecht geschätzt sein. Für eine Eingeborene sah sie außergewöhnlich gut aus, und je länger man sie betrachtete, um so mehr erkannte man die Feinheit ihrer Züge. Bony mußte unwillkürlich an Marie, seine Frau, denken, als sie noch jung gewesen war.

Dieses Mädchen war kein Halbblut wie Marie, aber sie besaß ihre braunen Augen. Sie schaute Bony ohne Schüchternheit, aber auch ohne jede Koketterie an.

»Schön, dann werde ich Mr. Long sagen, daß Sie nicht nach Fort Deakin gehen möchten«, sagte Bony leichthin und beugte sich zu dem Knirps herab, der sich immer noch an seine Hand klammerte.

Als er sich wieder aufrichtete, glitt sein Blick über Lottees ungewöhnlich schlanke Fesseln, ihre gutgewachsene Gestalt, und blieb schließlich an ihrem Hals haften, um den die rote Schnur mit dem unvermeidlichen Brustbeutel hing. In diesem Moment trafen sich ihre Blicke, und die Augen des Mädchens wichen ihm nicht aus.

»Ich bewundere Ihr Armband«, sagte Bony beiläufig. »Ein wirklich entzückendes Armband! Nur schade, daß Sie das eine Pferdchen verloren haben. Besitzen Sie es schon lange?«

»Schon lange«, mischte sich Nuggety Jack ein, und Dusty nickte. »Ich schenkte es ihr, als sie siebzehn wurde.« Wieder nickte der Medizinmann bestätigend.

»Darf ich es einmal sehen?« bat Bony und hielt seine Hand auf. Vorsichtig zog er das Armband von Lottees Handgelenk. An einem feinen Silberkettchen hingen ein schwarzes und ein braunes Pferdchen. Das dritte Haltekettchen war leer. Er blickte das Mädchen herausfordernd an, aber sie hatte genau wie seine Frau die Kraft, seinem Blick mit größter Ruhe zu begegnen.

»Sie haben Glück, Lottee«, sagte Bony, und die Männer lachten. Er hielt ihr seine linke geöffnete Hand entgegen. Auf dem Handteller lag ein weißes Pferdchen.

»Sie scheinen recht zu haben«, erwiderte das Mädchen, und zum zweitenmal sah sie ihm lächelnd in die Augen. »Wo haben Sie es denn gefunden?«

»Beim Holzstoß. Ich sprach heute morgen mit den beiden Jungen, die das Küchenholz zerkleinerten, und da sah ich es plötzlich liegen. Wie gesagt, Sie haben Glück!«

»Vielen Dank, Inspektor. Dort muß ich es wohl verloren haben.«

Als er sich umwandte, war er sich nicht klar darüber, ob ihre Stimme spöttisch oder ängstlich geklungen hatte.

21

»Dieser Besuch im Eingeborenenlager hat mich direkt neugierig gemacht«, sagte Robinia. Sie hatten den Lagerschuppen erreicht. Hier stand eine Bank. Robinia schlug vor, in Ruhe eine Zigarette zu rauchen. »Was halten Sie eigentlich von unserer Lottee?«

»Für eine Eingeborene sieht sie recht gut aus. Wie alt ist sie wohl?«

»Im Januar wurde sie vierundzwanzig.«

»Und wie alt sind Sie?«

»Wie – wie alt ich bin?« Robinia war überrascht. »Jetzt hören Sie mal zu, Inspektor Napoleon Bonaparte: Ich hatte mir erlaubt, neugierig zu sein, nicht Sie!«

»Das macht nichts. Schließlich kann ich ja auch Ihren Vater fragen.« Bony hatte zwei Zigaretten gedreht. Er reichte Robinia eine und gab ihr Feuer. Dann zündete er sich seine Zigarette an. »Wer Fragen stellt, muß auch bereit sein, Fragen zu beantworten. Ich glaube, Lottee ist ein ungewöhnliches Mädchen. Sie ebenfalls, nebenbei gesagt.«

»Sehr ungewöhnlich«, gab Robinia zu, »für eine Eingeborene.« Die letzten Worte hatte sie nach kurzem Zögern hinzugefügt.

»Ich habe gesehen, daß sie nicht verheiratet und auch keinem Mann versprochen ist. Außerdem fiel mir auf, daß sie noch im Besitz ihrer sämtlichen Schneidezähne ist – im Gegensatz zu allen anderen Frauen. Wie alt waren Sie doch gleich, Robinia?«

»Sechs … Also Bony! Hat Ihre Frau nicht oft Lust, Sie zu schütteln, daß Ihnen Hören und Sehen vergeht?«

»Nur im Spaß«, antwortete Bony. »Aber im Augenblick spaßen wir nicht. Ich fragte Sie, wie alt Sie sind, obwohl ich die Antwort bereits weiß. Sie sind sechsundzwanzig, also zwei Jahre älter als Lottee. Sie sind begabt und haben eine ausgezeichnete Erziehung gehabt, während Lottee lediglich schreiben und lesen kann. Trotzdem sind Sie, Robinia – verglichen mit Lottee – naiv. Nehmen Sie mir diese Feststellung nicht übel. Auch ich besitze nicht die Reife und Empfindungskraft dieses Mädchens.«

Robinia betrachtete ihre Zigarette und starrte nachdenklich hinüber zum Haus.

»Viele Leute sehen nicht, was diese Eingeborenen in Wirklichkeit sind«, fuhr Bony nach kurzer Pause fort. »Es ist so erhebend für das eigene Ich, sie einfach als Wilde abzutun. Aber Sie könnten suchen, solange Sie wollten – Sie würden unter diesen Menschen keinen Schwachsinnigen finden.«

»Ich mag Lottee nicht«, erklärte Robinia, und Bony gestand, daß ihm dies nicht entgangen sei. »Ich lehne sie nicht etwa deshalb ab«, fuhr Robinia fort, »weil sie einen so tiefen Eindruck auf Sie gemacht zu haben scheint. Von ihr geht eine so starke, fast möchte ich sagen magnetische Anziehungskraft aus, die einfach zuviel für mich ist. Neben ihr fühle ich mich klein und unbedeutend, und dagegen lehne ich mich auf. Sie ist ja schließlich nur eine Eingeborene. Und nun sagen Sie mir einmal ganz ehrlich, welchen Eindruck Sie von ihr haben.«

»Sie ist ungemein zurückhaltend und beherrscht.« Robinia drehte sich mit einem Ruck zu ihm um und packte seine Hand. »Weichen Sie mir nicht aus. Wo haben Sie das Pferdchen gefunden?«

»Ist das so wichtig?«

»Sehr. Sagen Sie es mir.«

»Dann müssen Sie mir erst einmal verraten, warum es für Sie so wichtig ist, das zu erfahren.«

Robinia erhob sich. »So wichtig ist es ja gar nicht. Wir gehen besser ins Haus, es wird jede Minute Mittagessen geben. Wir liegen uns ja doch immer nur in den Haaren. Langsam beginnen Sie mich zu langweilen, Mr. Bonaparte.«

Bony war ebenfalls aufgestanden und lachte bei ihren letzten Worten laut auf. Robinias Gesicht rötete sich, und ihre Augen funkelten zornig. »Ich wünschte, Sie wären ein kleiner Junge und nicht so alt wie mein Vater, ach, was sage ich – wie mein Großvater!«

»Manchmal ist es vorteilhafter, sich an ein altes Schilfrohr anzulehnen als nur gegen den Wind.« Bony wurde wieder ernst. »Wir werden uns noch einmal unterhalten, bevor es zur Explosion kommt. Und ich habe so ein Gefühl, daß diese Explosion nicht lange auf sich warten lassen wird.«

»Nun, vielleicht werden wir uns nach dieser Explosion nicht mehr dauernd streiten, Bony.«

»Vielleicht aber sind wir hinterher auch in tausend Stücke zerfetzt!«

Jim Pointer erschien auf der Veranda und rief Bony ans Telefon. Robinia musterte ihn prüfend, als er sich entschuldigte und ins Büro hinüberging.

Er schloß die Tür hinter sich, nahm den Hörer auf und vernahm Sergeant Mawbys Stimme.

»Betrifft Absatz vier, Inspektor. Zu der in Frage stehenden Zeit wurde keine Spur von ihm in Broken Hill gesehen. Ich habe Sefton bis nach Jorkins Soak geschickt. Er hat aber nichts in Erfahrung bringen können. Die Jorkins sagen, daß sie Nummer vier schon seit mindestens drei Jahren nicht mehr bei sich gesehen hätten. Sefton erkundigte sich auch nach dem Lastwagen. Einer von Jorkins Leuten kann sich erinnern, drei Kilometer von ihrer Farm entfernt in unserer Richtung die Spur eines Lastwagens gesehen zu haben. Der Wagen bog von der Straße ab und fuhr dann quer durch den Busch in nördlicher Richtung weiter. Der junge Mann sagte, daß die Reifenspuren von dem gleichen Fabrikat stammen, das Nummer vier fährt.«

»Die Teilchen unseres Mosaiks passen immer besser zusammen«, entgegnete Bony freudlos. »Aber diese Information brauchte ich. Bitte versuchen Sie noch herauszufinden, ob zusätzlicher Treibstoff gekauft wurde.«

»Das habe ich bereits getan«, fuhr Mawby mit amtlicher Stimme fort. »Nummer vier kaufte zwei Hundertfünfzigliterfässer Benzin und einen Kanister mit dreißig Liter Motorenöl. Er bezahlte bar. Außerdem tankte er noch auf, ehe er am Morgen Mindee verließ.«

»Sonst noch etwas, Mawby?«

»Noch eine ganze Menge. Der Gentleman muß sich für einen längeren Aufenthalt eingedeckt haben. Er kaufte Lebensmittel, dazu einen Patent-Drahtspanner und eine Dose mit fünf Pfund Preßtabak – alles gegen bar. Wozu brauchte er wohl den Drahtspanner?«

»Na, das werden Sie wohl wissen«, erwiderte Bony, und Mawby lachte. »Ihr Bericht hilft mir sehr. Wahrscheinlich werde ich Sie in ein paar Tagen bitten, herauszukommen und mir zur Hand zu gehen. Wenn Sie Nachricht von mir erhalten, wissen Sie, daß es sehr eilig ist.«

»Gut. Ich warte dann auf Ihren Anruf, Inspektor. Wenn ich Sie recht verstehe, haben Sie den Fall bald geklärt?«

»So ist es, Mawby. Auf Wiedersehen!«

Bony suchte Pointer. Er saß auf der Veranda.

»Wir brauchen beide einen kurzen Urlaub, Jim«, begann er. »Drei oder vier Tage. Sie wissen schon, Entenjagd und so ... Dafür benötigen wir eine Zeltausrüstung und Verpflegung. Könnten Sie das beschaffen?«

Ohne Zögern fing Pointer den ihm zugeworfenen Ball auf. Bony begleitete ihn, um die Gewehre, die Munition und die Campingausrüstung zu besorgen.

Nach den sehr auffällig getroffenen Vorbereitungen fuhren sie ab. Als sie die Straße nach Fort Deakin fünf Kilometer weit entlanggefahren waren, bat Bony, anzuhalten. Er wolle nach Westen bis Jorkins Soak, erklärte er. Für die Jagd interessiere er sich erst in zweiter Linie.

»Es liegt mir daran, daß niemand von unserem Vorhaben erfährt«, fügte er hinzu. »Können Sie von hier aus einen Umweg machen, so daß wir, ohne Fort Deakin zu berühren, die Straße nach Blazers Bassin erreichen?«

»Gewiß. Aber wir könnten auch gleich quer durch den Busch fahren, ohne den Weg über Blazers Bassin zu nehmen.«

»Lieber doch über Blazers Bassin, Jim. Wegen des Wassers müssen wir allerdings nicht hin, das steht fest.«

Wasser! Das war jetzt überall. Es stand in großen und kleinen Teichen und Wasserlöchern, in Senken und alten Bachbetten. Das schmutzig graubraune ausgedörrte Land gehörte der Vergangenheit an. Eine sanfte Brise strich über die grünende Landschaft, über sprießendes Gras, über die zu neuem Leben erwachte Pflanzenwelt.

Pointer mußte öfters kleinere Umwege fahren, um heimtückischem Fließsand auszuweichen. Einmal blieben sie stecken und verloren dadurch eine halbe Stunde. Die beiden Männer sprachen kaum miteinander. Beide hingen ihren Gedanken nach.

»Der Bach dort vorn wird uns aufhalten«, prophezeite Pointer. Vor ihnen stand eine lange Reihe von Buchsbäumen, die das Ufer des Baches säumte. Wie Jim vorausgesehen hatte, führte er Hochwasser. »Waltons Wasserloch liegt auf der anderen Seite weiter unten. Dort ist nichts als ein Brunnen und ein paar Pferche, die Ballara gehören.«

»Und jeder, der von Jorkins Soak kommt, müßte den Bach an dieser Stelle überqueren?« wollte Bony wissen.

»Ganz recht.«

»Bis Sonnenuntergang haben wir noch eine halbe Stunde. Wir werden hier kampieren, Jim. Während Sie das Lager aufbauen, mache ich noch einen kleinen Erkundungsgang.«

Pointer wählte harten und trockenen Grund für das Lager und machte Feuer. Dann sammelte er so viel Holz, daß es bis zum Morgen reichte. Er beobachtete Bony, der mit tiefeingezogenem Kopf den Bach entlangging. Er baute die Feldbetten neben dem Wagen auf, holte die Verpflegung und bereitete das Essen.

Es dämmerte bereits, als Bony zurückkehrte. Er wies zum Himmel, und Pointer sah die Enten, die sich in zwei großen Keilformationen als schwarze Punkte gegen den kühlen, grünschillernden Abendhimmel abhoben.

Später hockten die beiden Männer vor dem Feuer und rauchten.

»Ich habe den Eindruck, daß Sie genausoviel Geduld haben wie ich, Jim«, begann Bony. »Sie stellen keine Fragen. Sie sind ein idealer Reisegefährte. Ich will Ihnen jetzt etwas sagen.«

Er zog an seiner Zigarette und blies langsam den Rauch aus.

»Allgemein wird angenommen, der Mörder Carl Brandts und Paul Dicksons habe sich vom Norden her dem Lake Jane genähert. Obwohl ich Zweifel hege, könnte es trotzdem so gewesen sein. Um die gleiche Zeit aber kam jemand mit einem Lastwagen von Süden, überquerte diesen Bach und fuhr nördlich weiter.« Bony deutete mit der Hand in die Richtung, wo die Sonne untergegangen war.

»Was liegt dort?« fragte er Pointer.

»Ein nicht mehr benütztes Bohrloch – Bohrloch elf.«

»Ah, ich erinnere mich. Das war auf der Karte angegeben. Liegt auf der gleichen Linie wie Bohrloch zehn und Blazers Bassin. Kann man dort noch Wasser entnehmen?«

»Mit Eimer und Winde. Aber es ist abgestanden, ich möchte nicht davon trinken. Es ist doch wohl nicht gut möglich, daß Sie die Spuren eines Lastwagens nach sieben Monaten und nach dem heftigen Regen jetzt noch entdeckt haben?«

»Doch. Ich habe festgestellt, daß der Wagen hier entlanggekommen ist und für den Rückweg den gleichen Weg benützte.«

Pointer musterte forschend das dunkle, vom Feuer beleuchtete Gesicht des Inspektors, dann starrte er wieder in die Flammen.

»Aber zum Teufel, warum sollte denn jemand zum Bohrloch elf fahren«, rief er plötzlich. »Dort gibt es weit und breit nichts – absolut gar nichts. Sind Sie sich eigentlich über das Alter der Spuren restlos sicher?«

Bony nickte, drehte sich eine Zigarette und zündete sie mit einem fast zwei Meter langen brennenden Zweig an. Unter anderen Umständen hätte dieser Anblick Jim Pointer zum Lachen gereizt, doch jetzt wartete er nur auf Bonys Antwort.

»Ich bin gar nicht glücklich über meinen Auftrag, Jim!«

Wenige Minuten später gingen sie zu Bett. Jim Pointer lag noch lange Zeit wach und blickte hinauf zum Sternenhimmel. Er grübelte, wohin ihn diese Reise führen würde.

Am nächsten Morgen wehte der Wind heiß von Norden. Das bedeutete, daß der Weg von Stunde zu Stunde trocknete und besser würde.

Bony lotste Pointer zu einer Stelle, an der die Reifenspuren noch erhalten waren; aber sosehr sich der Verwalter auch bemühte, er konnte keine Spur erkennen. Schließlich gestand er es ganz offen ein.

»Doch, hier sind Spuren«, versicherte ihm Bony. »Ich werde jetzt meinen Fuß in eine Fahrspur setzen. Sehen Sie her.«

Pointer konnte trotzdem nichts entdecken und gab es auf.

»Angenommen, der Unbekannte ist in dieser Richtung gefahren. Er würde also zum Bohrloch elf gekommen sein?« fragte Bony.

»Ja. Ungefähr fünf Kilometer von hier hätte er den Grenzzaun von L'Albert erreicht. Bohrloch elf liegt etwa acht Kilometer hinter dem Gattertor.«

»Dann wollen wir direkt zum Tor fahren. Ich werde mich hinten einrichten. Vielleicht habe ich Glück und entdecke die Spuren noch einmal.«

Bony stellte sich hinter dem Führerhaus auf die Ladefläche. Auf diese Weise hatte er einen ungehinderten und weiten Ausblick. Die Landschaft bot fast das gleiche Bild wie jene, die sie am vergangenen Tag durchfahren hatten. Bony sichtete keine Spuren mehr. Er sah lediglich zwei blaue Kraniche, die an einem Wasserloch standen, das höchstens fünf Zentimeter tief sein konnte.

Endlich tauchte der Zaun vor ihnen auf. Jim Pointer fuhr direkt auf das Tor zu, und Bony machte dem geschickten Fahrer ein Kompliment. Der Wagen hielt an, und die beiden Männer stiegen aus.

»Donnerwetter! Ich hätte eigentlich nicht daran zweifeln sollen, hier sind tatsächlich Spuren«, rief Pointer verblüfft. »Außer Nuggety Jack ist seit Jahr und Tag kein Mensch mehr hier draußen gewesen. Die Spuren stammen von einem Lastwagen, der im Tor steckengeblieben sein muß. Der Regen hat sie nicht verwischen können. Und Sie kennen den Kerl, der hier mit seinem Lastwagen entlanggefahren ist?«

»Ja«, antwortete Bony, und Pointer wunderte sich, daß die Stimme des Inspektors so deprimiert geklungen hatte.

22

Das Gelände war schwierig, und sie benötigten eine volle Stunde bis zum Bohrloch elf. Ein trostloser Anblick bot sich ihnen. Die Unterkunftshütte war zerfallen, die Schafpferche würden erst repariert werden müssen, ehe man sie wieder benützen konnte. Früher hatte hier ein Windrad gestanden, um das Wasser hochzupumpen, jetzt existierte lediglich noch eine Winde mit einem Drahtseil, an dem statt eines Eimers ein verrosteter Benzinkanister hing.

Nachdem sie das Tor passiert hatten, fanden sie keine Spur mehr von dem Lastwagen.

»Was glauben Sie wohl, warum der Wagen in diese Koppel gefahren ist?« fragte Bony mit hochgezogenen Brauen.

»Da sollten Sie lieber jemand anders fragen, Bony. Ich habe keine Ahnung.«

»Dann müssen wir uns umsehen«, entschied Bony. »Ich stelle mich wieder hinten auf die Pritsche, dort habe ich bessere Sicht. Wir wissen, daß er in diese Koppel kam, und dafür muß es einen Grund geben.«

»Und Sie glauben, daß es wichtig ist?«

»Sehr wichtig, Jim.«

Pointer fuhr einen knappen Kilometer vom Bohrloch weg. Dann begann er um die Wasserstelle einen Kreis zu schlagen. Auf diese Weise mußten sie die Spuren von jedem kreuzen, der jemals das Bohrloch besucht hatte, auch wenn diese Spuren längst verwischt sein sollten. Pointer hatte den großen Kreis bereits zu drei Vierteln geschlossen, als Bony auf das Kabinendach klopfte. Der Wagen hielt an. An dieser Stelle hatte ein Pferd seine Spuren hinterlassen – einige Roßäpfel lagen in einer Reihe hintereinander und deuteten die Richtung an, die das Pferd genommen hatte. Offensichtlich war es zwischen dem Bohrloch und einem kleinen Schwarzeichenwäldchen hin und hergelaufen. Das Wäldchen stand auf dem Kamm eines niedrigen Hügels. Bony bat Pointer, dorthin zu fahren.

»Wenn ich die Absicht hätte, ein paar Tage am Bohrloch zu kampieren, würde ich mich bestimmt nicht in der zerfallenen Hütte niederlassen«, sagte Bony, nachdem er abgestiegen war. »Ich würde mich umsehen, die Schwarzeichen entdecken und mir dort ein Lager errichten, um vor Staub und Wind geschützt zu sein. Und Sie, Jim?«

»Ich würde vermutlich dasselbe tun. Bis zum Bohrloch ist es ja nicht einmal ein Kilometer.«

»Waren in den vergangenen zwölf Monaten Pferde in dieser Koppel?«

»Wahrscheinlich die beiden, von denen Nuggety seinen Wagen ziehen ließ.«

»Das wäre möglich. Ich bezweifle aber trotzdem, daß die Eingeborenen bei der Wahl eines Lagerplatzes so anspruchsvoll sein würden wie Sie oder ich. Ein paar der Bäume sind beschnitten. Wir wollen sie uns doch einmal näher anschauen.«

Sie entdeckten die Asche eines Lagerfeuers, das sehr lange gebrannt haben mußte. Dann fanden sie Pferdemist unter den Bäumen, ein Beweis, daß man die Tiere hier lange Zeit festgebunden haben mußte. Schließlich sahen sie die tiefen Einkerbungen im Boden. An dieser Stelle mußte längere Zeit ein schwerer Lastwagen gestanden haben. Im dichten Unterholz stießen sie auf einen Haufen leerer Konservendosen.

»Der Fahrer des Lastwagens blieb länger hier als nur eine Nacht«, meinte Pointer und blickte Bony mit gerunzelten Brauen an. »Warum zum Teufel? Ich kann mir keinen Grund denken.«

»Heute komme ich mir vor wie ein Verwaltungsbeamter, Jim. Einer von jenen, die sich nie festlegen, sondern immer nur mit Redensarten kommen wie: ›Es scheint so‹; ›man kann annehmen‹; »›es besteht die Möglichkeit‹ – und so weiter.« Er seufzte, dann fuhr er fort:

»Es hat also den Anschein, daß der Lastwagenfahrer an diesem abgelegenen Platz mit Nuggety Jack zusammentraf und seinen Lkw hier abstellte. Auf dem Lastwagen hatte er Benzin und Öl. Der Wagen von Nuggety Jack wurde aufgetankt, und unser Mann fuhr damit weg. Er kehrte später zurück, nahm wieder seinen Lastwagen und fuhr damit an den Ort, von dem er gekommen war. Aus allem, was wir bisher festgestellt haben, dürfen wir schließen, daß man sehr diskret vorging. Es wäre also möglich, daß die beiden Männer – Nuggety Jack und der Unbekannte – etwas Ungesetzliches taten, zumindest etwas, wobei man keine Zeugen brauchen konnte. So, und nun sagen Sie selbst – habe ich Ihnen auch nur eine einzige Tatsache berichten können?«

»Ja. Auf dem Lastwagen befand sich Benzin und Öl.«

»Ganz recht. An dieser Tatsache ist nicht zu rütteln, Jim. Wir werden jetzt essen und ein wenig Gehirnakrobatik betreiben, denn nun müssen wir der Spur des Personenwagens und nicht mehr der des Lkw folgen.«

»Ich würde nie einen guten Detektiv abgeben«, sagte Pointer offen. »Nicht einmal hier in diesem Gebiet, das ich ja wirklich ausgezeichnet kenne.«

»Trösten Sie sich. Was glauben Sie wohl, was das allmächtige F.B.I. und Scotland Yard hier ausrichten würden! Aber Spaß beiseite. Die wichtigste Entdeckung, die wir bisher machten, ist dieses geheime Lager. Dieser Platz wurde deshalb gewählt, weil seit Jahren kein Vieh mehr in dieser Koppel gehalten wird und sich vermutlich kein Mensch hierher verirren würde. Aber wir können mit Sicherheit annehmen, daß der verborgene Lagerplatz gar nicht das Ziel unseres Unbekannten war. Hier hat er lediglich die Wagen ausgetauscht. Sein eigentliches Ziel kennen wir noch nicht. In welchem Zustand befinden sich im allgemeinen die Reifen von Nuggety Jacks Wagen?«

»In gutem Zustand. Nuggety ist ein ausgezeichneter Mechaniker.«

»Schön, Jim. Wir wissen, daß sich auf dem Lastwagen dreihundert Liter Benzin befanden. Daraus können wir schließen, daß das eigentliche Ziel des Unbekannten ziemlich weit von hier entfernt liegen muß. Es bedarf ausgezeichneter Detektivarbeit, um die Spur aufzunehmen. Der gute General gewinnt die Schlacht, weil er sich in die Lage seines Gegners versetzt. Das gleiche werde ich jetzt tun. Ich versetze mich in die Lage unseres Unbekannten. Wir fahren jetzt zu der Stelle bei Blazers Bassin, wo Sie Brandts Leiche fanden.«

Wieder stellte sich Bony auf die Pritsche hinter das Führerhaus, und Pointer fuhr auf dem kaum benützten Buschpfad am Bohrloch elf vorüber zu dem Gattertor, das in die Koppel von Blazers Bassin führte. Anderthalb Kilometer hinter dem Tor ging der Weg über ein weites Geröllfeld.

Die Steine hatten ungefähr die Größe einer Männerhand, waren rund und auf der Oberfläche flach. Der darüber hingewehte Sand hatte sie glasglatt geschliffen. Der Pfad, der stets von den Wagen benützt wurde, zeichnete sich klar ab. Die Räder hatten die Steine in den Boden gedrückt, so daß die blanke Erde hervorschaute.

Pointer fuhr aus Gewohnheit ebenfalls in der Wagenspur. Plötzlich ließ Bony anhalten.

»Schalten Sie den Rückwärtsgang ein und halten Sie sofort, wenn ich auf das Dach klopfe«, rief er. Und wenig später: »Noch ein Stück. Langsam. Gut! Und nun steigen Sie aus.«

Pointer trat zu Bony, der auf die Geröllfläche wies, auf der sich das Sonnenlicht reflektierte.

»Sehen Sie etwas?« fragte er.

Pointers Augen bildeten schmale Schlitze. Er starrte lange in die angegebene Richtung, dann schüttelte er den Kopf. Er könne nichts Außergewöhnliches entdecken, mußte er zugeben.

»Das macht nichts, Jim. Die Hauptsache, ich erkenne es. Der Wagen verließ hier die eingefahrene Spur, drehte ab und fuhr über die Geröllfläche. Der Mann manövrierte langsam und vorsichtig, um möglichst keine Spur zu hinterlassen. Aber das Gewicht des Wagens mußte zwangsläufig die Steine etwas in den Boden drücken. Ich hätte überhaupt nichts gesehen, wenn das Sonnenlicht nicht gerade in diesem günstigen Winkel stünde. Ein glücklicher Zufall! Ein paar Minuten früher oder später, und die Spur wäre nicht zu sehen gewesen.«

»Ich kann sie auch jetzt noch nicht sehen«, stöhnte Pointer. »Aber warten Sie eine Sekunde. Ja, ich glaube, jetzt habe ich sie. Zum Donnerwetter, sicher bin ich mir immer noch nicht. Ich glaube, ich bilde es mir nur ein. Man muß eben ausgezeichnete Augen haben.«

»Die allein genügen nicht, Jim. Genausowenig wie Kombinationsvermögen und gesunder Menschenverstand genügen würden, um Erfolg zu haben. Es gehört Glück dazu! Der Wagen ist also in dieser Richtung weitergefahren. Und wenn ich mich nicht täusche, muß er auf diese Weise zum Grenzzaun von ›Lake Jane‹ gelangt sein, nicht wahr?«

»Ganz recht. Nach ungefähr achtzehn Kilometern kommt der Zaun.«

»Befindet sich dort ein Tor?«

»Nein. Das nächste Tor liegt an der Straße, die von L'Albert zum Lake Jane führt.«

»Daran erinnere ich mich. Fahren wir weiter. Ich setze mich wieder zu Ihnen.«

Eine Stunde später blieben sie bei der Durchquerung eines Baches stecken. Es kostete zwei anstrengende Stunden, bis sie den Wagen an das gegenüberliegende Ufer gebracht hatten. Bony bestand darauf, vor der Weiterfahrt einen Becher Tee zu trinken.

»Alle Beamten machen am Nachmittag Teepause«, erklärte er. »Und ich bin Beamter.«

Jim Pointer brach in Gelächter aus. Die Arbeit im Bachbett hatte Spuren hinterlassen. Beide Männer waren schlammbeschmiert, und Bony sah weder wie ein Beamter noch wie ein menschliches Wesen aus.

»Dann hätten wir doch eigentlich die Sekretärin mitbringen sollen«, prustete Pointer. »Schließlich läßt sich ein Beamter doch den Tee von seiner Sekretärin zubereiten, wie?«

Nach kurzer Rast fuhren sie weiter. Jetzt änderte sich die Landschaft. Der Sand wich grauer Erde, auf der Buchsbäume und Eukalyptusbäume wuchsen. Ihrem Alter nach mußten sie bereits gestanden haben, als Captain Cook in der Botany-Bay gelandet war. Das überall mächtig ins Kraut schießende Grün verdeckte die Schlaglöcher und morastigen Stellen, so daß Pointer besonders vorsichtig fahren mußte.

Als ob sie es geplant hätten, erreichten sie eine Stunde vor Dunkelwerden den Rand einer breiten, wassergefüllten Senke. Der heiße Nordwind, der den ganzen Tag über geweht hatte, hielt auch jetzt noch an. Er verschluckte das Geräusch des näher kommenden Wagens, und die Vögel tummelten sich weiter ahnungslos auf der Wasserfläche. Pointer hielt dicht am Ufer. Die beiden Männer blickten erst die zahllosen Enten, dann sich selbst an.

»Wir haben zwei Gewehre«, murmelte Bony.

»Und eine Menge Patronen«, fügte Pointer hinzu.

»Und genügend Holz, um eine Ente zu braten.«

»Und einen gewaltigen Hunger auf frisches Fleisch.«

»Dieser Zaun, der mitten durch das Wasser läuft, bildet die Grenze zu Downers Farm?«

»So ist es, Bony.«

»Dann werden wir hier kampieren, eine Ente schießen und unsere Probleme auf morgen verschieben. Her mit den Gewehren, her mit den Patronen! Sie gehen nach der einen Seite; ich nach der anderen. Wir warten eine Viertelstunde, bis jeder einen ordentlichen Anstand gefunden hat. Zum Teufel mit der Kriminalistik!«

Enten! Da waren Marmelenten, Bergenten, Trauerenten,

Krickenten und kleine Tauchenten; Pelikane und Schwäne, Kraniche, Ibisse und Reiher. Sogar einige Möwen schwammen draußen auf dem Wasser – tausend Kilometer vom Meer entfernt. Am Ufer liefen Tausende von Wasserhühnern auf ihren roten Beinen umher. Als Bony vorbeikam, schwammen sie vom Ufer weg, um gleich wieder zurückzukehren. Hinter einem wilden Johannisbeerstrauch wartete Bony, bis Pointer den Frieden dieses Wasserparadieses stören würde. Probeweise zielte er auf ein paar Trauerenten. Als Pointers Schuß dröhnte, feuerte Bony. Während er hastig lud, zählte er fünf Enten, die den Schrotkugeln aus beiden Läufen zum Opfer gefallen waren.

Jetzt änderte sich schlagartig das Bild. Das flache Wasser wurde aufgepeitscht durch die Flügel von Tausenden sich erhebender Vögel. Die Luft erzitterte von den singenden Schwingen. Ganze Geschwader schossen über Bonys Kopf weg.

Schließlich zogen die Enten davon und suchten sich einen anderen Wasserplatz. Die Schwäne und Pelikane flogen in großer Höhe, als ob sie sich von dort aus einen besonders guten Überblick sichern wollten. Bony sammelte als Gegenwert von fünfundzwanzig verschossenen Patronen acht Enten auf. Er war jedoch keineswegs verstimmt, als Pointer für seine neunzehn Patronen siebzehn Enten anbrachte.

»Jetzt soll mal jemand behaupten, wir wären nicht auf der Entenjagd gewesen«, meinte der Verwalter. »Wann fahren wir nach Hause?«

»Wahrscheinlich morgen. Wir müssen die Vögel ja in gutem Zustand abliefern. Am besten packen wir sie jetzt in die Jagdtaschen und hängen sie über Nacht an einer kühlen Stelle auf.« Bony lächelte. Er hatte die Jagd genossen, obwohl ihm jetzt noch vom Rückstoß des Gewehres die Schulter schmerzte. »Sorgen Sie für ein ordentliches Feuer, Jim. Ich mache noch einen kleinen Spaziergang.«

Als er zurückkehrte, hatte Pointer das Lager aufgeschlagen und ein knisterndes Feuer in Gang bracht. Die hellauf lodernden Flammen strahlten weit in die herabsinkende Dunkelheit.

»Zum Frühstück gibt es gebackene Ente«, sagte Bony und betrachtete zufrieden das Feuer, das die nötige Asche dafür geben würde. »Ich habe die Stelle gefunden, an der der Wagen den Zaun durchfahren hat. Der Fahrer mußte natürlich den Draht zerschneiden, aber er reparierte die Stelle, ehe er weiterfuhr. Was für einen Drahtspanner benutzt Nuggety Jack?«

»Einfach eine Astgabel«, erwiderte Pointer. »Aber damit kann er natürlich keine saubere Arbeit liefern.«

»Unser Mann hat einen Patent-Drahtspanner benützt, den er vorher gekauft hat. Die Reparatur ist sehr ordentlich. – Gott, habe ich Hunger! Was gibt's denn eigentlich? Ah, Büchsenfleisch. Ich wünschte, es wäre bereits Frühstückszeit.«

Pointer stimmte ihm zu. Nachdem sie gegessen hatten, wuschen sie gemeinsam das Geschirr ab und hockten sich in gemessenem Abstand vom Feuer nieder.

»Sie erinnern sich doch an die Eingeborene in Nuggety Jacks Lager am Bohrloch zehn«, meinte Bony beiläufig. »Sie sagten ihr, daß Mrs. Long sie gern als Hilfe im Hause hätte.«

»Ja. Das ist Jacks Tochter, Lottee. Ein bildhübsches Mädchen.«

»Richtig, die meine ich. Ich sah sie gestern wieder. Mir fiel auf, daß sie nicht die Brustnarben der verheirateten Frauen hat. Nach den Eingeborenengesetzen ist sie also eine Jungfrau. Aber sie hatte ein kleines Kind auf dem Arm, als wir sie bei unserem gemeinschaftlichen Besuch am Bohrloch zehn sahen.«

»Es war nicht ihr Kind«, antwortete Pointer. »Das Baby gehörte Mrs. Dusty.«

»Das ändert nichts an der Tatsache, daß sie nicht schon in jungen Jahren einem Mann versprochen und dementsprechend an der Brust gezeichnet wurde. Alle anderen Frauen tragen diese Male, wenigstens die, die ich sah.«

»Lottee unterscheidet sich in vieler Hinsicht von den anderen Eingeborenenfrauen«, erklärte Pointer. »Sie ist sehr intelligent, wie Sie vielleicht selber festgestellt haben, sie kann schreiben und lesen, spricht sehr kultiviert und kommandiert ihre Eltern. Sie braucht nur den kleinen Finger zu heben, und schon tun die Alten, was sie will. Es wird erzählt, Tonto sei deshalb so schrecklich verprügelt worden, weil er ihr nachgestellt hat.«

»Sie ist vierundzwanzig, wie mir Robinia sagte.«

»Ja, das muß wohl stimmen. Zeit, daß sie heiratet, wie? Heute geht alles viel langsamer als zu meiner Zeit.«

»Es kann auch sein, daß die jungen Leute jetzt vorsichtiger sind als früher«, meinte Bony.

»Komisch, daß Sie das sagen. Lottee wirkt ungemein anziehend auf die Männer, aber ihr Blick sagt deutlich: ›Scher dich zum Teufel!‹«

Die beiden saßen einige Minuten in nachdenklichem Schweigen. »Wenn Sie noch jung wären, Jim«, sagte Bony plötzlich, »würden Sie ihr dann nachsteigen?«

»Ganz bestimmt«, kam Pointers prompte Antwort. »Aber ich würde höllisch darauf achten, daß ich jederzeit einen Rückzieher machen könnte.«

23

Die Dämmerung eines kühlen Herbstmorgens brach an, als Jim Pointer erwachte. Ringsum schwatzten die Vögel vom Zorn des Regengottes, der durch die magischen Regensteine erweckt worden war und diese schreckliche Zeit, die die Menschen Dürre nannten, beendet hatte. Jim sah Bony im Schlafanzug mit einer Schaufel in der Ascheglut herumstochern und ein paar dicke, harte Lehmklumpen herausholen. Er setzte sich auf und fuhr in die Stiefel.

»Kommen Sie, Jim«, rief Bony. »Zunächst ein Becher Tee und eine Zigarette. Das Frühstück ist fertig.«

»Sie müssen ja sehr früh aufgestanden sein«, meinte Pointer verwundert und setzte sich, ohne sich erst anzukleiden, zu seinem Jagdgefährten.

»Ich bin schon ein paar Stunden auf, Jim. Ich hatte so einen Hunger auf Frischfleisch nach all dem Büchsenzeug – da habe ich vier Enten zum Frühstück gebacken.«

Der Tee wurde in die Becher gegossen, Zucker hinzugefügt, und in der immer mehr weichenden Dämmerung rauchte Jim seine Pfeife, Bony eine Zigarette. Ein schöner Tag heute.

»Wir fahren dann wohl weiter dieser Wagenspur nach?« fragte Pointer und wünschte jenes Auto, dessen Spur Bony so hartnäckig verfolgen wollte, insgeheim zum Teufel. Dieser Platz hier war ein Paradies für jeden Mann, und Jim Pointer wäre gern noch länger hiergeblieben.

»Wir wollen jetzt nicht darüber sprechen«, erwiderte Bony. »Lassen Sie uns lieber diese Stunde genießen – das Lagerfeuer, den Glanz des Himmels, das erwachende Leben.«

»Dann sind auch Sie nicht unempfindlich gegen solchen Zauber?« sagte Pointer, der spürte, daß Bonys Fröhlichkeit nicht ganz echt war. »Ich wundere mich eigentlich nicht, daß die Eingeborenen lieber hungern und im Busch bleiben, als in einer von der Regierung gebauten Siedlung bequem zu wohnen.«

Bony nickte. »Diese Neger, die seit Urzeiten in Australien leben, haben das Land nie besessen – das Land besitzt sie, mit Leib und Seele. Ich hatte zwar einen weißen Vater, aber es gibt immer wieder Zeiten, in denen mich dieses so zauberhafte Land wie mit Sirenenstimmen ruft.«

»Das glaube ich Ihnen gern, Bony. Ich selbst könnte niemals in einer Großstadt glücklich werden.«

»Wer einmal im Busch gelebt hat, ist ihm verfallen«, sagte Bony ernst.

»So ist es.« Pointer breitete die Arme aus und atmete tief die würzige Luft ein. »Nicht nur mir geht es so, bei Eve ist es das gleiche. Seit zwölf Monaten ist mein Gehalt gekürzt, und ich erhielt ein Angebot aus Melbourne, bis zum Ende der Dürreperiode bei doppeltem Lohn in einem Wollspeicher zu arbeiten. Aber ich halte es wie die Schwarzen – lieber will ich hungern als fortgehen.«

»Ich verstehe das, Jim.«

Die Männer zogen nun ihre Pyjamas aus und liefen ins Wasser, Pointer breithüftig und wohlgenährt, Bony drahtig mit schmaler Taille. Nach dem Morgenbad kleideten sie sich an, und Bony machte sich an das Öffnen der Lehmklumpen. Mit der Axt hackte er eine Kugel entzwei und klappte die beiden Hälften wie eine Orange auseinander. Ein verführerischer Duft stieg auf. Die Federn waren in der Lehmschale geblieben, das Fleisch tischfertig.

»Allein dafür hat es sich schon gelohnt, diesen Ausflug gemacht zu haben«, seufzte Pointer und riß sich mit der Gabel ein Stück von dem zarten Fleisch ab.

»Wie steht es, Jim, nehmen wir noch einen zweiten Vogel in Angriff?«

»Und ob! Ich esse jetzt auf Vorrat. Wenn man in New York oder London die Enten auf diese Art zubereiten würde, könnten die Restaurants Millionen damit verdienen.«

»Und etwas von diesen schrecklichen Australiern lernen«, fügte Bony hinzu.

»Von diesen gräßlichen Menschen!« äffte der Verwalter Bony nach. »Ich esse noch eine Ente, und wenn ich davon platze.«

»Seien Sie vorsichtig, Jim. Sie müssen fahren!«

Eine halbe Stunde später steuerte Pointer den Wagen zum Grenzzaun. Bony zeigte ihm die Stelle, an der der Draht repariert worden war, und fragte ihn, wie er diese Arbeit beurteile.

Der hochgewachsene Mann studierte aufmerksam die reparierte Stelle und fuhr mit den Fingern über die Drähte.

»Wie Sie schon sagten, wurde hier ein Patent-Drahtspanner benützt. Sehr fachmännische Arbeit. Nuggety Jack hätte das nie fertigbekommen.« Er blickte Bony fest an. »Man sieht einen gefällten Baum, und die Schnittfläche sagt einem, wer den Baum gefällt hat. Man sieht einen Zaun und weiß, wer ihn gebaut hat. Das gleiche gilt für diese Reparatur. Ich weiß, wer den Zaun repariert hat. Ich kenne also den Mann, der den Wagen fuhr.«

»Sprechen Sie den Namen nicht aus, Jim. Wir müssen jetzt ebenfalls den Draht durchschneiden und ihn dann, so gut es geht, reparieren.«

»Damit brauchen wir uns nicht aufzuhalten – die Reparatur kann warten. Im Augenblick ist ja kein Vieh hier draußen.«

Als sie sich auf der anderen Seite des Zauns befanden, sagte Bony: »Dort drüben liegt der Pferch von Rudders Brunnen. Vielleicht sichten wir noch Wagenspuren.«

Während der Fahrt zum nächsten Zaun hatte sich Bony wieder hinten auf den Wagen gestellt, um bessere Sicht zu haben. Sie ließen das lehmige Bett des alten Flußlaufes hinter sich; hier hatten sich noch vor kurzem die Wasserfluten ihren Weg gebahnt, um den Lake Jane wieder zu füllen. Sie befanden sich jetzt in einem offenen Gelände aus trockenem rotem Sand.

»Vielleicht finden wir an diesem Zaun entlang Spuren«, sagte Bony ruhig. »Wir wollen allerdings keine voreiligen Schlüsse ziehen. Das, was unser Mann hier gesucht hat, braucht nicht mit den Morden in Verbindung zu stehen.«

»Er ist nach Rudders Brunnen gefahren«, erwiderte Pointer mit steinernem Gesicht. »Und sechs Kilometer entfernt wurde in einem Maschinenschuppen ein Toter gefunden. Fünf Kilometer in der entgegengesetzten Richtung wurde sein Reisesack und das Fahrrad eines anderen Ermordeten verbrannt. Sie bemerkten, daß Ihnen dies alles nicht gefiele. Mir gefällt es ebenfalls nicht.«

Bony stand wieder hinter dem Führerhaus. Weit vor ihm ragte das Windrad von Rudders Brunnen auf. Sein Blick glitt aufmerksam über den Boden. Er hoffte, weitere Spuren des Autos zu finden, das vor sieben Monaten in diese Koppel gefahren war.

Als sie sich dem Tor näherten, an dem Bony dem Neger Tonto einen Denkzettel verpaßt hatte, blieben Eichen und Mulgabäume zurück. Hier wuchsen Buchsbäume und Bambusgras. Letzteres erinnerte Bony an die Hütte bei Rudders Brunnen, und gleichzeitig fiel ihm wieder das verborgene Lager unter dem Teestrauch ein. Es mußte ungefähr drei Kilometer zur Rechten liegen.

In diesem Moment machte er eine Entdeckung. Er hämmerte auf das Dach des Führerhauses.

»Fahren Sie nach Westen«, rief er Pointer zu. »Dort zu dem Gebüsch, wo das Bambusgras endet.«

Am Rande der Grasfläche stand ein Buchsbaum, dessen Äste vom Feuer geschwärzt schienen. Die frischen Blätter wucherten dick an den Zweigen. Pointer hielt dicht vor diesem Baum und starrte auf den Boden. Auch Bony betrachtete die viereckige, vom Feuer geschwärzte Stelle, über der verbogenes Drahtgeflecht und verschiedene Drähte lagen.

Pointer stieg aus. Bony sprang ebenfalls vom Wagen und trat neben ihn. Schweigend standen sie nebeneinander.

»Ein ausgezeichneter Platz für eine Bambusgrashütte«, sagte Pointer schließlich grimmig. »Einen knappen Kilometer entfernt gibt es Wasser. Aber warum, zum Teufel, sollten sich die Downers hier eine Hütte bauen?«

Bony nahm eine Schaufel und kratzte von einer Ecke der Brandstelle die Erde weg. Das untere Eck eines Holzpfostens wurde sichtbar. Bony schritt die Seiten der Brandstelle ab – sie maß drei mal vier Meter. Die Drähte hatten die Querbalken des Daches gehalten.

»Die Hütte wurde bereits viele Monate vor dem Regen niedergebrannt«, sagte Bony. »Es ist nicht viel Asche da. Der Wind hat sie weggeweht.«

Bony drehte sich um und entfernte sich in Richtung zum Brunnen und dem Windrad. Pointer nahm inzwischen die Schaufel und stocherte im Boden herum. Nach seiner Rückkehr erklärte Bony, daß man weder von Rudders Brunnen noch von der Straße aus diese Hütte hätte sehen können.

»Es sieht aber nicht so aus, als ob jemand auch nur eine Nacht hier gewohnt hätte«, meinte Pointer. »Keine Abfälle, keine Konservenbüchsen – nichts.«

»Vielleicht hat man sie vergraben«, gab Bony zu bedenken.

Er trat zu dem verbrannten Baum, untersuchte die Zweige und blickte sich dann um in Richtung Süden. Er entfernte sich etwas von dem Baum und bohrte mit dem Absatz im Sand, der hier den harten Untergrund bedeckte. Pointer kam mit der Schaufel zu ihm.

»Was suchen Sie?« wollte er wissen.

»Öl. Geben Sie mir mal die Schaufel.«

Pointer reichte sie ihm, und Bony hob vorsichtig den Sand ab.

Ein Ölfleck wurde sichtbar – der Beweis, daß hier ein Wagen gestanden hatte. Der Sand hatte die Stelle zugeweht.

»Man muß diese Hütte absichtlich niedergebrannt haben«, sagte Pointer. »Aber warum? Warum hat man hier überhaupt eine Hütte gebaut? Das ist doch völlig absurd. Wissen Sie eine Erklärung dafür?«

»Ja.« Bonys Gesicht war ausdruckslos, und Jim Pointer wartete. »Nicht jetzt, Jim«, sagte Bony schließlich. »Ich möchte erst Beweise haben. Es ist gleich Mittag. Wir wollen Tee kochen und essen.«

Während der Mahlzeit sprachen sie kaum. Sie starrten nachdenklich in die Flammen des Lagerfeuers und versuchten sich vorzustellen, was hier vor vielen Monaten vorgegangen war. Nach dem Essen rauchte Bony drei Zigaretten, dann begann er den Platz systematisch abzusuchen.

Er fand die Stelle, an der man das Bambusgras geschnitten hatte. Hier waren keine Reifenspuren zu sehen. Vermutlich hatte man das Gras gebündelt und dann zum Platz unter dem Buchsbaum hinübergetragen.

»Ich habe mir alles angesehen, Jim«, erklärte Bony später. »Ich habe versucht, mir zu vergegenwärtigen, was hier geschehen ist. Im allgemeinen kann ich mich auf meinen Instinkt verlassen; ich spüre nichts Böses. Na schön! Fahren wir also zurück, Jim. Hier ist nichts mehr für uns zu tun. Wir machen einen großen Bogen um ›Lake Jane‹. Heute sollten wir den Downers nicht begegnen.«

Sie fuhren eine Stunde lang, ohne ein Wort zu wechseln. Dann hielt Pointer plötzlich an und blickte Bony fest in die Augen.

»Was sagen wir eigentlich zu Hause? Vergessen Sie Robinia nicht.«

»Wir sagen, daß es eine wunderbare Entenjagd war, Jim. Und dann liefern wir als Beweis unsere Beute ab.« Bony drehte sich eine Zigarette. Nachdem er sie angezündet hatte, blickte er Jim Pointer an. »Hören Sie, Jim. Sie wissen einiges und vermuten viel. Ich weiß viel und vermute einiges. Ich sagte Ihnen bereits, daß ich in Nebel geraten bin. Ich befinde mich auch jetzt noch mitten darin. Ich kann zu keinem sagen: Du hast dies oder jenes Ungesetzliche getan. So weit bin ich noch nicht. Wir haben jedenfalls unseren Jagdausflug genossen, und ich hoffe, daß man in L'Albert die Enten würdigen wird.«

Pointer fuhr weiter.

»Ein Verbrechen ähnelt oft einem ins Wasser geworfenen Stein«, fuhr Bony fort. »Die Wellen wandern nach allen Seiten und umspülen Schuldige und Unschuldige. Da Sie nun einiges wissen und eine Menge vermuten, werden Sie Schlußfolgerungen ziehen. Das ist unklug. Ihre Tochter könnte – vielleicht – darunter leiden. Nehmen Sie es nicht so schwer, Jim.«

Kurz nach fünf erreichten sie L'Albert. Während der Verwalter seiner Frau und Robinia über die Jagd berichtete und die Enten auspackte, ging Bony ins Büro und telefonierte mit Sergeant Mawby.

24

Eine Stunde später bereits verließen Sergeant Mawby und Wachtmeister Sefton Mindee. Wegen des schlechten Straßenzustandes trafen sie erst am anderen Morgen um halb acht in L'Albert ein. In Fort Deakin hatten sie Rast gemacht und ein paar Stunden geschlafen. Midnight Long hatte sich dann erboten, den Lotsen zu spielen, sonst wären sie noch später auf dem Vorwerk angekommen.

Nach dem Frühstück gingen die Polizeibeamten in den Gemeinschaftsraum der Farmarbeiter und hielten eine kurze Konferenz ab.

»Ich danke Ihnen für die gute Zusammenarbeit, Sergeant Mawby«, eröffnete Bony die Besprechung. »Das gilt auch für Sie, Wachtmeister Sefton. Ich werde es in meinem Abschlußbericht ausdrücklich erwähnen.«

»Vielen Dank, Sir. Es war uns eine Freude, mit Ihnen zu arbeiten«, erwiderte Mawby, und Sefton nickte zustimmend.

»Und nun zur Sache«, fuhr Bony fort. »Sie haben wichtige Informationen für mich beschafft, die es mir ermöglichten, diesen Doppelmord aufzuklären – die Ermordung Brandts steht ja zweifellos in engem Zusammenhang mit der Dicksons. Wir müssen den Fall nun mit einem Gewaltstreich zum Abschluß bringen. Wie Sie wissen, handelte es sich um eine außerordentlich undurchsichtige Angelegenheit, und die Schwierigkeiten, die sich aus der großen Zeitspanne und durch die Abgeschiedenheit der Gegend ergaben, waren enorm. Über das Motiv der beiden Morde bin ich mir noch nicht ganz klar. Und auch einige andere Punkte machen mir noch Kopfzerbrechen. Wir müssen unsere Vernehmung darum so führen, daß wir unsere Handlungsfreiheit voll und ganz bewahren. Wir haben es mit einer Reihe von Eingeborenen zu tun. Darum müssen wir mit den üblichen Gepflogenheiten brechen und dieses Verhör zu einer großen Schau aufziehen. Sind Sie einverstanden, Sergeant? Schließlich ist dies hier Ihr Bezirk.«

Mawby drückte die Brust heraus und atmete tief ein.

»Sie sind jetzt der Chef, Sir«, sagte er. »Fahren Sie also fort.«

»Danke, Mawby. Sefton, Sie bitten jetzt Mr. Long und Mr. Pointer zu uns. Sobald das geschehen ist, holen Sie die Eingeborenen zusammen. Sie sollen draußen warten.«

»Jawohl, Sir.« Seftons dunkle Augen leuchteten amüsiert auf. Bony wandte sich wieder an den Sergeanten.

»Ich habe davon abgesehen, mich über Ihren Kopf hinweg an den Chefinspektor in Broken Hill zu wenden. Ich wollte, daß diese ganze Angelegenheit in der Familie bleibt.« Er kniff das linke Auge zu. »Ihre Frau ist gesundheitlich ein wenig anfällig, und eine Übersiedlung ins Küstengebirge würde ihr gewiß guttun, wie?«

Mawby seufzte. »Wenn Sie das erreichen könnten, Inspektor ...«

»Ah – da sind Mr. Long und Mr. Pointer. Vielleicht können Sie uns ein wenig helfen, meine Herren. Ich werde hier sitzen, die Vorgeladenen mir gegenüber, und Sergeant Mawby wird Protokoll führen. Sie nehmen bitte drüben an der Wand Platz und enthalten sich jedes Kommentars. Wir haben es mit Eingeborenen zu tun, mit Angehörigen einer uralten Rasse. Dieses Verhör darf in keiner Weise an die bei uns üblichen Gerichtsverhandlungen erinnern. Sie sind ja selbst Friedensrichter, Mr. Long, und wissen Bescheid ...«

»Die Eingeborenen sind draußen, Sir. Alle, bis auf diese junge Frau – Lottee Jack. Miss Pointer sagte mir, daß sie gesehen habe, wie das Mädchen in den Busch rannte.«

»Sehr interessant«, sagte Bony leise zu Mawby. »All right, Wachtmeister, bringen Sie Dusty herein. Bleiben Sie draußen und passen Sie auf, daß niemand mehr davonläuft.«

Der Medizinmann kam herein, sanft von Sefton vorwärts geschoben. Bony begrüßte ihn mit einem strahlenden Lächeln und bat ihn, am Tisch Platz zu nehmen. Würdevoll und ohne jedes Anzeichen von Nervosität setzte sich der Mann.

»Hören Sie zu, Dusty. Das Amt für Eingeborenenangelegenheiten, das ja eure Interessen vertritt, hat uns beauftragt, herauszufinden, warum ihr den armen Tonto verprügelt habt. Ich muß darüber einen Bericht schreiben. Mir liegt aber nichts daran, daß ihr bestraft werdet, und deshalb wollen wir uns jetzt einmal in aller Ruhe über diese Angelegenheit unterhalten. Ich habe gehört, daß Tonto die Prügel bekam, weil er versäumte, nach ›Lake Jane‹ zu gehen und die Hunde loszumachen, nachdem Paul Dickson getötet worden war. Ich habe ebenfalls gehört, daß Tonto damals krank und gar nicht imstande war, den Auftrag auszuführen. Ich ging hinaus zum Bohrloch zehn, um Tonto selbst danach zu fragen, aber ich fand ihn nicht. Weißt du vielleicht, wo er steckt?«

»Keine Ahnung, Inspektor«, antwortete Dusty, ohne zu zögern. »Ich hatte Tonto gesagt, daß er beim Bohrloch zehn bleiben sollte, bis wir unseren Lohn für das Regenmachen geholt hatten. Und dort war er auch, als Sie ihn suchten.« Dusty lachte laut auf. »Sehen Sie, Inspektor, Tonto wollte neulich nachts einen Fuchs fangen, und dabei rannte er in einen Stacheldrahtzaun. Sein Gesicht wurde wüst zerkratzt, und deshalb versteckte er sich. Er wollte auch nicht, daß Mr. Pointer ihn in diesem Zustand sieht.«

»Schön, Dusty. Lassen wir diese Sache auf sich beruhen. Bleibt aber immer noch die Tatsache, daß ihr Tonto verprügelt habt. Ich muß dir sagen, daß das Amt für Eingeborenenangelegenheiten äußerst ungehalten darüber ist. Ihr wißt doch, daß euch das Amt alle hinunter in eine Siedlung stecken kann. Ihr habt kein Recht, einen jungen Krieger einfach zusammenzuschlagen, nur weil er krank und darum nicht imstande war, die Hunde von ›Lake Jane‹ loszulassen.«

Dusty wurde bereits merklich kleinlauter. Er rutschte auf seinem Stuhl hin und her und blickte Sergeant Mawby an, der gelangweilt zur Decke starrte. Dustys Blick glitt weiter zu Wachtmeister Sefton, und schließlich drehte er sich um und schaute Long und den Verwalter an. Endlich wandte er sich wieder Bony zu.

»Tonto ist ein fauler Bursche. Und frech auch.«

»Du weißt, wie es ist, Dusty«, sagte der Inspektor nach kurzem Schweigen. »Du bist der Medizinmann. Du befiehlst Tonto, die Hunde abzuketten, und Tonto muß gehorchen. Das ist doch das Gesetz der Eingeborenen, ja?«

»Sie sind ein schlauer Bursche, Inspektor. Das ist wahr.«

»Ganz recht, Boß.« Über Dustys mageres Gesicht huschte ein humorloses Grinsen. Dann brach er in lautes Lachen aus.

»Ich bemühe mich nur, euch aus eurer dummen Lage zu helfen, Dusty. Jetzt geh hinaus und reibe dir mit deinen Churingasteinen die Stirn. Denke dir eine Erklärung aus, die ich an das Eingeborenenamt weitergeben kann.« An Sefton gewandt fuhr Bony fort: »Rufen Sie jetzt Nuggety Jack.«

Sefton war bereits draußen, ehe Dusty auch nur Gelegenheit fand, ein Wort mit dem Häuptling zu sprechen.

Bony blickte die Anwesenden durchdringend an. »Nun sagen Sie mir: Wurde Tonto deshalb verprügelt, weil er nach Dicksons Ermordung die Hunde am ›Lake Jane‹ nicht freigelassen hat?«

»Obwohl es Dusty nicht aussprach, hat er es doch wohl zugegeben«, erwiderte Long. Mawby lächelte und wiederholte die Worte des Medizinmannes: »Sie sind ein schlauer Bursche, Inspektor. Das ist wahr.«

»Fangen wir also an«, sagte Bony schroff. »Oh! Komm herein, Nuggety Jack. Setz dich. Ich möchte dir ein paar Fragen stellen.«

Der Stuhl knarrte gefährlich, als sich die massige Gestalt darauf niederließ. Der Häuptling grinste über das ganze Gesicht. Er betrachtete erst Bony und dann Mawby, der ihm zuzwinkerte. Nuggety zwinkerte zurück. Bony runzelte die Stirn.

»Was ist das für ein Krach da draußen?« fuhr er Sefton an. Nuggety Jack brach in lautes Lachen aus.

»Meine Missus heult nur, Inspektor«, sagte er. »Sie glaubt, Sie würden mir den Kopf abreißen.«

»Den Kopf abreißen? Warum sollte ich das?« rief der Inspektor überrascht.

Nuggety lachte noch immer. »Nun ja. Sie wissen ja, wie Frauen sind«, erwiderte er ausweichend. »Früher hat man sie jeden Morgen durchgeprügelt, da war man ihr Herr. Heute verbietet es uns das Eingeborenenamt. Jetzt werden die Frauen vorlaut. Sie sagen: ›Du arbeitest überhaupt nicht. Ich wasche mir die Finger wund für Missus Pointer, und du setzt alles in Tabak um.‹ Weiber!«

»Ja, ja, die Frauen!« Bony lächelte. »Aber du sollst mir nichts von den Frauen erzählen. Ich möchte wissen, ob du in letzter Zeit irgendeinen Fremden hier in der Gegend gesehen hast.« Das Lächeln blieb weiter auf dem Gesicht des Häuptlings, aber sein Blick wurde listig.

»Der einzige Fremde war dieser weiße Mann, der drüben am ›Lake Jane‹ getötet wurde. Sie wissen schon, dieser Dickson.«

»Ich weiß darüber Bescheid.« Der Inspektor zog die Stirn kraus. »Aber wie steht es mit den Jungens von Jorkins Soak? Hast du sie mal gesehen?«

Nuggety Jack unterschied sich sehr von Dusty. Er schüttelte den Kopf, lächelte, aber seine schwarzen Augen verrieten nichts.

»Wenn keiner von den Jorkins Jungen – wer war es dann, mit dem du draußen bei Bohrloch elf kampiert hast? Du weißt doch, dieses Lager bei den Schwarzeichen.«

»Ach der!« Nuggety schien sich zu erinnern. »Das ist schon lange her. War ungefähr heute vor einem Jahr. Das war Ed Jorkin. Er war auf Känguruhjagd. Ich erinnere mich jetzt an ihn.«

Mawby bemerkte deutlich die Reserviertheit in den schwarzen Augen des Häuptlings, und er wunderte sich, worauf Bony eigentlich hinauswollte. Von den übrigen Anwesenden bemerkte lediglich Pointer die Falle, die hier Nuggety gestellt wurde. Die Frau draußen vor dem Haus fuhr mit ihrem Wehklagen fort, und andere begannen in ihr Heulen einzustimmen.

Bony schrieb eine kurze Notiz auf einen Zettel, den er dem Sergeanten reichte. Mawby las und pfiff überrascht durch die Zähne. Dann gab er den Zettel an Sefton weiter, während Nuggety seine Aufmerksamkeit wieder Bony zuwandte. Das Lächeln auf seinem dunklen Gesicht war verschwunden. Er schien eine neue Gefahr zu spüren. Bony blickte den Häuptling finster an.

»Ich hätte dich schon längst ins Gefängnis stecken können, Nuggety Jack. Du bist ein großer Lügner! Der Mann, der mit dir damals bei Bohrloch elf kampierte, fuhr einen Lastwagen. Die Jorkins haben nur alte Jeeps, wie du weißt.«

»Ein Lastwagen!« rief Nuggety Jack. »Warum haben Sie das nicht gleich gesagt? Dieser Mann mit dem Lastwagen hat doch gar nicht kampiert. Er brachte mir ein paar Sack Häcksel für die Pferde. Mr. Pointer hatte mir kein Benzin verkauft, weil sein Vorrat zusammengeschrumpft war. Stimmt's, Mr. Pointer? Sie erinnern sich?«

Der Verwalter schwieg. Bony sagte mit klarer und ruhiger Stimme wie ein Richter: »Wer war dieser Mann?«

»Ich kenne ihn nicht, Inspektor. Er kam von Broken Hill. Er brachte den Häcksel, das war alles. Lud ihn ab, trank Tee und fuhr wieder zurück.«

»Wie hieß er?«

»Aber zum Teufel!« schrie Nuggety plötzlich und stand auf. »Hören Sie –«

»Wachtmeister, nehmen Sie diesen Mann fest!«

Sefton handelte blitzschnell. Nuggety Jack sah die Handschellen nicht, aber er spürte plötzlich, wie seine Handgelenke mit eiserner Gewalt hinter seinem Rücken zusammengepreßt wurden.

»Führen Sie ihn hinaus und fesseln Sie ihn an einen soliden Gegenstand im Maschinenschuppen, Wachtmeister«, befahl Bony. »Dann bringen Sie seine Frau. Diese Heulerei muß endlich aufhören.«

Als der Gefangene ins Sonnenlicht trat, schwoll das monotone Wehklagen zum Fortissimo an. Mawby wurde langsam besorgt, vertraute aber auf Bony.

Der Inspektor stand auf und trat zu Pointer.

»Jim, wir müssen die Frau sehr vorsichtig behandeln. Vor Ihnen wird sie keine Angst haben. Sie wissen ja, was ich mit meinem Verhör bezwecke. Sie wissen, wer diesen Lastwagen gefahren hat. Ich bitte Sie nun, meinen Platz einzunehmen und die Hintergründe dieser Geschichte aufzuklären.«

Pointer fühlte sich äußerst unbehaglich. »Kennen Sie sie denn nicht bereits?«

»Doch, aber ich möchte die Bestätigung haben.«

»Gut.«

Bony setzte sich an die Wand zu Midnight Long. Mawby tat einen tiefen Atemzug. Der Verwalter von Fort Deakin starrte den Boden zwischen seinen Füßen an.

Die kleine, stets so energische und geschäftige Mrs. Jack

wurde hereingeführt und von Sefton sanft auf den Stuhl gedrückt, während der Tumult draußen vor der Tür weiterging. Die Frau weinte laut vor sich hin. Pointer beugte sich über den Tisch und strich ihr beruhigend über den Arm.

»Schon gut, Florrie. Nun beruhige dich mal. Wenn Nuggety Jack in der Patsche sitzt, wollen wir ihn doch wieder herausholen, nicht wahr? Nuggety wollte uns nicht sagen, was am Bohrloch elf passiert ist, als ihr dort kampiert habt. Da kam ein Mann mit einem Lastwagen und borgte sich Nuggetys Wagen. Nun erzähl mir mal alles. Komm, es besteht überhaupt kein Grund mehr zu weinen.«

Die Eingeborenenfrau blickte Pointer flehend an. Immer noch strömten Tränen über ihr runzliges Gesicht. In diesem Augenblick haßte der Verwalter die Polizeibeamten, Nuggety Jack und sich selbst.

25

Es war elf Uhr. John Downer stand auf den Stufen der Veranda, um die Ankömmlinge zu begrüßen, deren Wagen gerade anhielt.

»Guten Tag!« rief er. »Kommen Sie herein. Das Teewasser kocht schon.«

Sergeant Mawby stieg aus, Bony folgte. Zusammen kamen sie die Stufen herauf. John schien sich nicht die geringsten Gedanken zu machen wegen ihrer ernsten Gesichter.

»Treten Sie ein«, sagte er mit dröhnender Stimme. »Eric macht gerade das Essen. Ein wundervoller Tag, alles grün und frisch. Und wie das Gras wächst!«

Sie folgten ihm in die Küche. Eric stand am Herd.

»Na, wir können uns auch setzen«, sagte Mawby resigniert. »Inspektor Bonaparte hat etwas zu erledigen.«

Er beobachtete Eric und richtete es so ein, daß er neben ihn zu sitzen kam. Es war geradezu beklemmend, wie die Fröhlichkeit aus Johns Gesicht verschwand und einer ungläubigen Verwunderung Platz machte.

Tiefe Stille senkte sich über den Raum. Bony drehte mehrere Zigaretten, die er vor sich aufstapelte. Seine blauen Augen musterten John, dann schwenkte sein Blick zu Eric, der sich bedächtig eine Zigarette gedreht hatte.

»Ich muß mit Ihnen sprechen, Eric. Ich glaube, Sie können mir helfen, den Mord an Paul Dickson und Carl Brandt aufzuklären«, begann Bony. »Die Tat liegt zwar schon lange zurück, aber die Schrift im großen Buch des Busches vergilbt nicht so rasch.

Am achten September des vergangenen Jahres fuhren Sie mit Ihrem Vater nach Mindee, um Urlaub zu machen. Am achtzehnten September verließen Sie den Ort, offensichtlich in Richtung Broken Hill, wo Sie Freunde haben. Ihr Vater blieb allein in Mindee zurück. An jenem Morgen kauften Sie zwei Hundertfünfzigliterfässer Benzin und einen Kanister mit dreißig Liter Maschinenöl, einen Patent-Drahtspanner, Lebensmittel und Kleidungsstücke. Nachdem Sie die Straße nach Broken Hill fünfzehn Kilometer weit gefahren waren, bogen Sie auf einen Buschpfad ab, der Sie zur Nordstraße brachte. Diese benützten Sie bis zu einem Punkt, der drei Kilometer vor Jorkins Soak liegt. Dort verließen Sie die Straße und fuhren quer durch den Busch zum Bohrloch elf. Möchten Sie mir nicht sagen, warum Sie das taten?«

»Worauf wollen Sie eigentlich hinaus, Bony?« rief der alte Mann.

»Reg dich nicht auf, Vater. Überlaß das ruhig mir«, sagte Eric und wandte sich zu Bony. »Es ist mir unmöglich, in dieser Form meine Privatangelegenheiten zu diskutieren.«

»Dann will ich fortfahren, Eric. Nachdem Sie Waltons Creek überquert hatten, fuhren Sie durch das Gatter in die

Koppel von Bohrloch elf. Sie stellten den Lastwagen unter einer Gruppe Schwarzeichen ab, wo Nuggety Jack Sie erwartete. Er hatte seinen Wagen von Pferden dorthin ziehen lassen. Bei ihm waren seine Frau und seine Tochter Lottee. Außerdem Dusty, der Medizinmann, und dessen Frau. Sie tankten Nuggety Jacks Wagen auf, beluden ihn mit Lebensmitteln für mehrere Tage und fuhren zusammen mit Lottee Jack zur Koppel an Blazers Bassin. Sie passierten das Gatter und bogen nach anderthalb Kilometern auf einer Geröllfläche ab. Als Sie zum Weidezaun kamen, durchschnitten Sie ihn und flickten ihn mit dem mitgenommenen Material. Dann durchquerten Sie die Koppel am ›Lake Jane‹, bis Sie zu einer Bambusgrashütte gelangten, die einen knappen Kilometer von Rudders Brunnen entfernt liegt. Man konnte diese Hütte weder vom Brunnen noch von der Straße aus sehen. Stimmt's?«

»Na komm, mein Junge, sag ihm endlich, daß er sich da einen ganz schönen Unsinn zusammenreimt«, brummte John. Als Eric schwieg, brüllte der Alte: »Verdammt noch mal, ist das wahr?«

»Es ist wahr, Johnny«, erwiderte Bony.

»Na und? Was ist denn schon dabei?« entgegnete der alte Mann patzig. »Was ist denn schon dabei, wenn er mit einem schwarzen Flittchen seinen Spaß hat? Die Kleine sieht verdammt gut aus. Ich hab' mir selbst schon wiederholt gewünscht, noch einmal jung zu sein. Es ist doch geradezu albern, sich aufzuregen, weil der Junge sich mit einer Eingeborenen amüsiert hat. Das haben andere auch schon getan. Meist braucht man nur mit einem Kaugummi zu winken, und schon geht so eine schwarze Schöne mit.«

»Schweig!« schrie Eric. Er war aufgesprungen und hob drohend die Faust gegen seinen Vater. »Halt endlich deinen Mund! Du mit deiner schmutzigen Phantasie!«

»Schon gut, mein Junge. All right. Du brauchst doch nicht gleich so in die Luft zu gehen!«

Mawby drückte Eric wieder auf den Stuhl zurück. John kochte vor Ärger, aber dieser Ärger richtete sich nicht nur gegen Bony.

»Nachdem Sie eine gewisse Zeit in dieser Bambusgrashütte verbracht hatten, kehrten Sie mit Lottee Jack zum Lager im Schwarzeichenwäldchen zurück«, fuhr der Inspektor fort. »Von dort fuhren Sie dann wieder nach Mindee. Sie kamen am fünften Oktober an und kehrten mit Ihrem Vater am zehnten nach Hause zurück. Es kann angenommen werden, daß Brandt und Dickson um den ersten Oktober herum ermordet wurden.«

Bony wartete auf Erics Erwiderung. Der alte Downer saß schweigend da, nur seine Hände öffneten und schlossen sich.

Als Eric ebenfalls schwieg, fuhr Bony fort: »Am ersten Oktober lebten Sie mit Lottee in der Bambusgrashütte in der Nähe von Rudders Brunnen, nur sechs Kilometer von der Stelle entfernt, an der Dicksons Leiche von Ihnen und Ihrem Vater entdeckt wurde. Ich bin ziemlich sicher, daß Sie diese Hütte niederbrannten, als Sie sie verließen. Sergeant Mawby erschien zur Untersuchung des Falles und fuhr am Spätnachmittag des zwölften Oktober zusammen mit Wachtmeister Sefton, Mr. Long und zwei Eingeborenen sowie einem Spurensucher zurück nach L'Albert. Nach ihrer Abreise sandten die Eingeborenen ein Rauchsignal zu Nuggety Jack. Seine Tochter Lottee sollte sich so schnell wie möglich mit Ihnen, Eric, in Verbindung setzen. Da die Bambusgrashütte nicht mehr existierte, bauten Sie einen Kilometer davon entfernt unter einem Teestrauch ein neues Lager. Dort trafen Sie sich mit Lottee und schnitten ihr das Haar kurz. Ich werde gleich darauf zu sprechen kommen, warum Sie das taten. Sie verbrannten das Haar zwischen zwei Sandelbäumen und vergruben die Asche, wie es Eingeborenensitte ist.

Sie waren im Eingeborenenritus mit Lottee vermählt worden. Bei dieser Zeremonie hatte man ihr eine Locke abgeschnitten, die Ihnen, als Lottees Gatte, überreicht wurde. Sie händigten diese Ihrer jungen Frau aus, und sie trug sie als Talisman bei sich. Sie bemerkten dies wichtige Indiz erst, als Sie zusammen mit Ihrem Vater nach Hause zurückgekehrt waren und den Toten fanden.

Natürlich erkannten Sie sofort, welche Gefahr Ihnen drohte. Beim heutigen Stand der Wissenschaft wäre einwandfrei nachzuweisen gewesen, von wem die Haare stammten. Ihnen kam die geniale Idee, die beiden Kärtchen mit den Haarlocken aus dem Schatzkästchen Ihrer Mutter zu entwenden. Um den Eindruck eines Diebstahls zu vervollständigen, nahmen Sie auch eine Uhr und brachten die Küche in Unordnung, so daß es den Anschein haben mußte, als habe hier eine Auseinandersetzung stattgefunden. Eine zwangsläufige Schlußfolgerung – Brandt ertappte Dickson beim Einbruch und kämpfte mit ihm.

Hätten Sie an diesem Punkt Schluß gemacht, wäre Ihre Absicht zweifelsohne gelungen. Sie konnten die Polizei tatsächlich von der rechten Spur ablenken. Lottee trug damals ihr Haar lang, aber Sie schnitten es ihr ab, damit man sie nicht eventuell mit der Locke des Ermordeten in Verbindung bringen konnte. Ihren Kardinalfehler begingen Sie jedoch, als Sie die Spuren Ihres Lagers unter dem Teestrauch verwischten. Sie nahmen nämlich einen Zweig mit zu den Sandelbäumen und warfen ihn achtlos weg, nachdem Sie mit ihm die Asche und Ihre Fußspuren verwischt hatten. Dort wächst aber weit und breit kein Teestrauch, und ich mußte zwangsläufig stutzig werden.

Sergeant Mawby wird Sie verhaften, weil Sie in Verdacht stehen, Dickson und Brandt ermordet zu haben. Während Sie mit Lottee in der Bambushütte lebten, wurden Sie von einem der beiden Männer entdeckt. Sie töteten ihn, damit niemand erfuhr, daß Sie mit Lottee nach dem Eingeborenenritus getraut waren. Zu Ihrem Entsetzen erschien der zweite Mann in dem

Augenblick, in dem Sie die Leiche bei sich hatten. Darum mußte er ebenfalls sterben. Sie verbrannten die Reisebündel der beiden Männer und Brandts Fahrrad in einer tiefen Senke. Dann legten Sie die Leiche von Dickson in Ihren Maschinenschuppen, während Sie Brandts Leichnam siebenundzwanzig Kilometer weiter weg in einem Sandhügel begruben. Auf diese Weise wollten Sie den Eindruck erwecken, als sei Dickson von Brandt ermordet worden, und das gelang Ihnen auch zunächst. Unglücklicherweise wehte aber der Sandsturm die Leiche frei, so daß sie von Pointer gefunden wurde. Immerhin hatten Sie auf diese Weise einen Vorsprung von sechs Wochen, bevor die Polizei wieder auftauchte. Trotzdem waren Sie überzeugt, daß auch jetzt die Wahrheit nicht ans Tageslicht kommen würde. Sie hatten nicht damit gerechnet, daß ich mich des Falles annehmen würde.«

Bony schwieg und zündete sich eine Zigarette an.

»Sie werden ja wohl wissen, was Sie da sagen«, erwiderte Eric mit ernstem Gesicht. »Trotzdem frage ich Sie: Welchen Grund sollte ich gehabt haben, die beiden Männer zu töten, da ich ja mit Lottee verheiratet war – wenn auch nur nach den Gesetzen der Eingeborenen?«

»Weil Sie es nicht eingestehen wollten, mit einer Farbigen verheiratet zu sein. Sie waren noch voller Vorurteile. Sie haben viele gute Seiten, aber auch manche Schwächen. Sie fürchten zum Beispiel, Ihr Ansehen zu verlieren: Was würden die alten Schulfreunde, was Robinia Pointer und ihr Vater, ja – was würden die Leute in Mindee und Ihre Freunde in Broken Hill sagen, daß Sie eine Schwarze zur Frau genommen hatten?«

»Damit haben Sie nicht einmal zur Hälfte recht, Bony«, erwiderte Eric kühl.

»Ich weiß es.«

»Sie wissen es?«

»Gewiß. Meine Mutter war auch eine Eingeborene.«

Eric Downer hatte die Ellbogen auf den Tisch gestützt, sein

Kinn ruhte auf den verschränkten Fingern. Er starrte seinen Ankläger durchdringend an, während der Inspektor mit einem leicht unbehaglichen Gefühl diesen Blick zurückgab. Während des ganzen Gesprächs hatte sich Eric anders verhalten als alle Mörder, denen der Inspektor nach Abschluß der Ermittlungen noch einmal ihr Verbrechen rekonstruiert hatte. Eric zeigte keine Furcht. Im Gegenteil – eine schwere Verantwortung schien von ihm genommen zu sein. Selbst sein Vater betrachtete ihn neugierig, fast erfreut, als sei sein Sohn von einer schweren Krankheit genesen.

»Sie machten bemerkenswert wenig Fehler«, fuhr Bony fort. »Ich bezweifle, daß ein weißer Mann sie überhaupt bemerkt hätte. Wären Sie zum Beispiel Robinia gegenüber offen gewesen, hätten Sie ihr erklärt, daß Ihre Liebe zu Lottee durch nichts zu erschüttern sei, dann wäre jenes Bild nicht entstanden, das Robinia ›Niemals werden sie sich finden‹ genannt hat. Robinia Pointer hat mir unbewußt durch viele Kleinigkeiten ihre Vermutung verraten, daß Sie ein Verhältnis mit Lottee haben. Sie hoffte, daß Ihre Vernarrtheit eines Tages vergehen und Sie zu ihr zurückkehren würden.

Ein weiterer Fingerzeig war für mich Tonto. Kein weißer Mann wäre auf die Idee gekommen, daß die Prügel, die er bezog, mit dem Tod Ihrer Hunde zusammenhängen könnten, der ja wiederum eine Folge der Ermordung Dicksons war. Als Tonto sein Versäumnis eingestand, gerieten Sie außer sich und züchtigten ihn. Kein Eingeborener hätte die Angelegenheit für so wichtig gehalten, deshalb einen der Seinen fast totzuschlagen. Ihr Zorn über diese unnötige Grausamkeit im Zusammenhang mit den Hunden hat Sie verraten, Eric.«

Bony seufzte, und Eric blickte ihn furchtlos an.

»Ich muß Ihnen aber auch ein Lob spenden«, sagte der Inspektor nach kurzem Schweigen. »Ihre überhebliche Einstellung den Eingeborenen gegenüber hätte meine Nachforschungen um viele Monate verzögern können, wären Ihnen nicht gewisse Fehler, vor allem der mit dem Teestrauchzweig, unterlaufen. Ihr Spott über das Regenmachen der Schwarzen paßte zwar durchaus zu Ihrer Erziehung, zu Ihrer Abstammung –, aber er wirkte unecht bei einem Mann, der so eng mit den Eingeborenen verbunden war wie Sie.«

Eric blickte auf die Uhr und schloß die Augen. Bony zündete ein Streichholz an, obwohl seine Zigarette brannte. Erics Augen blieben noch volle vierzig Sekunden geschlossen. Als er Bony endlich wieder anblickte, lächelte er und nickte. Schweigend beobachteten die anderen die Szene.

»Soll ich Ihnen sagen, warum Sie sich so tief verstrickten?« fragte Bony, und Eric zuckte resigniert mit den Achseln. »Ein anderer Weißer hätte sich ganz einfach die Frau genommen, die er liebte, und auf die öffentliche Meinung gepfiffen. Sie hingegen steckten voller Vorurteile. Sie hatten nicht genug Mut, eine Eingeborene in aller Öffentlichkeit zu heiraten und sich den Teufel um die Leute zu scheren. Die einzige Konzession, die Sie machten, war die Eheschließung nach den Eingeborenengesetzen. Aber das Hochzeitszeremoniell sollte geheim bleiben. Nun, ich will Sie nicht nur anklagen, ich will versuchen, auch ein paar Entschuldigungen für Sie zu finden.

Sie spürten eine Macht über sich Gewalt gewinnen, der Sie nicht entkommen konnten. Sie wußten, daß es falsch war, ihr nachzugeben, genau wie ein Alkoholiker weiß, daß es falsch ist, zu trinken. Ich kenne diese Macht. Ich mußte mich mein ganzes Leben lang damit auseinandersetzen. Robinia Pointer hatte Ihre Situation instinktiv erfaßt. Der Beweis dafür sind ihre Bilder. Ich bin der letzte, der Sie verdammt, weil Sie sich von den Geistern des Busches haben einfangen lassen. Ich mache Ihnen lediglich zum Vorwurf, daß Sie zum Sklaven der öffentlichen Meinung geworden sind. Diese Anklage mache ich Ihnen jedoch nur als Privatmann. Sie betrifft nur uns beide, denn wir unterstehen den Gesetzen des Busches. Der Tod der Männer greift jedoch weiter. Ich bin ein Diener des Staates und habe geschworen, meine Kräfte für die Aufrechterhaltung von Recht und Ordnung einzusetzen. Eric Downer, ich verhafte Sie wegen zweifachen Mordes.«

»All right, Bony.« Eric lächelte wieder. »Sie haben mir erstaunlich viel Verständnis entgegengebracht – aber doch nicht genug. Das Verhältnis zwischen Lottee und mir ist etwas so Einmaliges, etwas so Großes, daß nicht einmal der Schatten einer öffentlichen Meinung darauf fallen durfte. Die Gefühle, die uns verbinden, sind so tief, daß nicht einmal Sie sie richtig zu erfassen imstande waren. Das Ziel, das wir uns gesetzt haben, ist so hoch, daß wir es nur durch den Tod erreichen können. Wenn ich Ihnen sage, daß ich mit Lottee viele Nächte zusammen verbracht habe wie Geschwister und nicht wie ein Liebespaar, dann haben Sie vielleicht die Antwort auf das, was Ihnen bisher noch unverständlich war.«

»Das erklärt vieles«, sagte Bony seufzend. »Ich bedaure es nun um so mehr, daß ich – und Sergeant Mawby –, daß wir unsere Pflicht zu erfüllen haben.«

»Für uns ist immer noch ein Weg offen«, erwiderte Eric. »Sie werden nichts zu bedauern haben. All right, Lottee, nun ist die Reihe an dir.«

Lottee mußte durch das offene Fenster eingestiegen sein. Sie stand auf der Schwelle von Erics Schlafzimmer, hinter Eric Sergeant Mawby. Erst als sie zu sprechen begann, bemerkten Mawby und John Downer ihre Anwesenheit. Bony erkannte schlagartig, wie tief die Bindung zwischen ihr und Eric sein mußte. Als Eric wenige Minuten zuvor die Augen geschlossen hielt, hatte er wohl ihr Kommen gespürt.

Lottee hielt ein Winchester-Repetiergewehr im Anschlag. Bony beobachtete sie scharf, und er sah, daß sie die Buchse nicht auf ihn gerichtet hielt. Eric rührte sich nicht.

»Sergeant Mawby«, sagte Bony, »nehmen Sie Ihre rechte Hand vom Revolver, und legen Sie die Waffe mit der linken auf den Tisch, bis ich diesen Befehl widerrufe!«

Völlig verwirrt gehorchte der Sergeant.

»Vielen Dank, Inspektor«, sagte Lottee. »Ich möchte niemanden erschießen.«

Mit dem Rücken zur Wand schlüpfte sie zur Verandatür. Jetzt stand sie Mawby, dem alten John und Bony direkt gegenüber.

»Eric, bitte geh zur Hintertür hinaus und komme über die Veranda zurück, damit du dich hinter mich stellen kannst«, fuhr Lottee fort.

»Verdammt noch mal! Was soll das, Inspektor?« knurrte Mawby, und sein Gesicht überzog sich mit Zornesröte. »Sie leisten ja Vorschub.«

»Ich bin mit meiner Aufgabe noch nicht fertig, Sergeant. Und ich habe keine Lust, Sie Selbstmord begehen zu lassen.«

»Das ist ein guter Rat, Sergeant«, sagte der alte Downer mit dröhnender Stimme. »Lottee würde bestimmt nicht danebentreffen. Das wäre gegen ihre Prinzipien. Lottee, halte das Gewehr anders, damit du nicht noch jemanden erschießt.«

»Ich würde ganz bestimmt treffen, Mr. Downer«, erwiderte sie. Eric hatte ihre Aufforderung befolgt und stand jetzt hinter ihr. Er war größer als sie, und seine Augen blitzten.

»Es ist Zeit für uns, in ein anderes Land zu gehen«, fuhr das Mädchen fort.

Sie trug lediglich weiße Shorts und war von einer unbeschreiblichen, wilden Schönheit. Ihre Augen glühten wie schwarze Opale.

Dieses Mädchen beherrschte sie alle. Selbst Mawby wartete resigniert auf den Fortgang der Ereignisse.

»Seit unserer Kindheit gehört Eric zu mir und ich zu Eric«, begann Lottee mit klarer Stimme. »Es kam von den Bäumen und den Sandhügeln, von all den wilden Dingen – diese Liebe, die uns verbindet. Ich habe nie dagegen angekämpft. Eric versuchte es, aber es war vergeblich.«

Sie blickte den Inspektor an, auf dessen Stirn dicke Schweißperlen standen.

»Alles, was Mr. Bonaparte über das geheime Lager gesagt hat, entspricht der Wahrheit. Wir hatten diese Bambusgrashütte eigens für uns gebaut. Wir wollten dort in der Einsamkeit leben und uns prüfen. Wir wollten sichergehen, daß unsere Liebe mehr war als nur der Wunsch, miteinander zu schlafen. Nach dieser Probezeit wollten wir uns dann in der Kirche von Mindee offiziell trauen lassen. Wir waren stark, wir unterlagen der Versuchung nicht. Ich gehöre nicht zu jenen, die für ein Päckchen Kaugummi mitgehen, Mr. Downer.«

Als John Downer zu einer Erwiderung ansetzte, hob sie die Hand.

»Nein, unterbrechen Sie mich nicht. Wir lebten bereits viele Tage in unserer Bambusgrashütte, als ich eines Morgens sehr zeitig zum Brunnen ging, um Wasser zu holen. Ich kam dicht an der Vorratshütte vorbei. Plötzlich sprang mich aus dem Hinterhalt ein weißer Mann an und … Nun, Sie können sich denken, was geschah. Oh, wie ich diesen Menschen haßte, und er lachte noch darüber. Da sah ich zufällig das Montiereisen, und ich schlug zu. Als ich wieder zu mir kam, war er und auch ich voller Blut. Ich lief zur Tränke und legte mich in den Trog. Ich preßte den Ventilknopf und ließ das Wasser über mich strömen, um dieses scheußliche Blut wegzuspülen. Schließlich stieg ich aus dem Trog und legte mich auf den Boden. Ich weiß nicht, wie lange ich so gelegen habe, ich muß wohl ohnmächtig geworden sein. Als ich wieder zu mir kam, stand Brandt vor mir und blickte auf mich herab. Auch in seinen Augen stand deutlich zu lesen, was er vorhatte. Als ich aufsprang, griff er nach mir. Das Montiereisen lag noch da. Ich tötete ihn ebenfalls.«

Die dunkle, vibrierende Stimme schwieg, und nur das laute Ticken der Uhr war zu vernehmen. Bony wartete darauf, daß diese Stimme erneut zu sprechen beginnen würde. Er glaubte die Stimme seiner Mutter zu hören, jener dunkelhäutigen Frau, die er nie gekannt und nach der er sich immer gesehnt hatte.

»Wir wollten den Anschein erwecken, als habe Brandt diesen Fremden getötet, dann wollten wir gehen. Wir brannten unser Bambusgrashaus nieder und verwischten unsere Spuren. Die Hunde mußten wir angekettet lassen, weil sie uns sonst gefolgt wären. Tonto sollte sie später losmachen. Als Eric wieder mit dem Lastwagen nach Mindee zurückgefahren war, bemerkte ich, daß ich meine Hochzeitslocke verloren hatte. Als Eric sie dann in der Hand des Fremden sah, war sie auch bereits von seinem Vater bemerkt worden. Da entwendete er die beiden Locken aus dem Kästchen seiner Mutter und eine Uhr. Es sollte nach einem Einbruch aussehen. Draußen auf der Veranda liegt mein Täschchen, darin finden Sie die Uhr und die Kärtchen mit den Locken.

Das ist alles. Dusty und Nuggety und meine Mutter nahmen mich in den Busch, und dort wurde ich wieder keusch gemacht, auf Eingeborenenart. Ich habe nicht geklagt. Der Schmerz gab mir meine Keuschheit zurück.

Später machten wir einen Plan, für den Fall, daß der Tod der beiden Männer je aufgeklärt würde. Sie werden uns nicht trennen. Einer von uns müßte auf jeden Fall sterben, und der andere wäre dann nur noch die Hälfte. Unsere Geister werden in einem Baumstamm wohnen, wie es bei den Eingeborenen Sitte ist.«

»Nein!« schrie John entsetzt. »Nein!«

Lottee und Eric drehten sich um und schlugen die Tür hinter sich zu.

26

»Die werden meinen Wagen stehlen«, knurrte Mawby. »Soll ich den ganzen Tag hier untätig sitzen bleiben?«

»Geduld hat schon manchem Menschen das Leben gerettet«, erwiderte Bony und zündete sich mit unsicheren Fingern eine Zigarette an. »Die beiden sind keine Diebe, Mawby. Solchen Menschen werden wir nie mehr begegnen.«

Der alte John stand taumelnd auf und ging zur Verandatür. Bony hielt ihn zurück. Auf ihn würden sie nicht schießen. Dann folgte er dem Alten zusammen mit Mawby hinaus auf die Veranda.

Die beiden jungen Leute schritten durch das wogende Gras den Abhang hinunter. Der Dobermann trottete neben Eric, der den Arm um Lottees Hüfte gelegt hatte. Das Mädchen blickte sich immer wieder um, das Gewehr schußbereit in der Hand. Vor ihnen erhoben sich die rotbeinigen Wasserhühner und umschwirrten sie.

Als die beiden hinter Mrs. Downers Grab waren, sprang der Sergeant mit einem Satz über die Verandabrüstung. Eric ging hinab zum Boot, während das Mädchen auf den Verfolger zielte. Dicht neben Mawby spritzten Gras und Sand auf, und der Sergeant lag blitzartig am Boden.

»Das Mädchen hat absichtlich danebengeschossen, Bony«, stöhnte der alte John. »Aber das nächstemal wird sie ihn treffen. – Kommen Sie zurück, Sie Narr!« schrie er dem Sergeanten zu.

Als Mawby den nächsten Sprung wagte, schlug eine Kugel bereits gefährlich nahe neben ihm ein, und er suchte hinter einem Pfosten der Grabumrandung Deckung. Bony konnte über die niedrigen Dünen hinweg Erics Kopf und Schultern sehen. Er stand im Boot und rief nach Lottee. Wildenten schossen knapp über ihre Köpfe hinweg, als das Mädchen zu ihm lief. Pelikane und Schwäne wurden ebenfalls unruhig und erhoben sich mit Getöse vom Wasser. Die Wasserhühner, durcheinanderwirbelnde schwarze Punkte, schienen den beiden Flüchtenden zu folgen, und Sergeant Mawby lief mitten hinein.

Jetzt konnte man von der Veranda aus das Boot voll erkennen. Eric stand am Bug und paddelte auf Indianerart, während

Lottee am Heck hockte und nach den Dünen zielte, wo Mawby gleich erscheinen mußte. Weder Bony noch John beachteten den Wagen, der sich von der Kreuzung her näherte. Der alte John sprang die Treppe hinab und stürmte zum See hinunter.

Als Mawby das Ufer erreichte, befand sich das Boot bereits vierhundert Meter vom Land entfernt. Bony sah, wie der Sergeant mit dem Revolver in die Luft schoß.

Vor der Veranda hielt der Wagen mit kreischenden Bremsen. Als Mawby den Abhang wieder heraufgerannt kam, stiegen Robinia Pointer und Wachtmeister Sefton aus.

»Zum Donnerwetter, was machen Sie denn hier?« brüllte Mawby den Wachtmeister an. »Sie sollten doch auf die Eingeborenen aufpassen!«

Sefton ließ den Anpfiff mit stoischer Ruhe über sich ergehen, zuckte lediglich mit den Achseln und deutete auf Robinia. Das Mädchen lief auf Bony zu.

»Ich mußte kommen! Sef hat mich hergebracht, weil mein Vater mich nicht selbst fahren lassen wollte. Was tun Sie hier? Was hat das alles zu bedeuten?«

Bony antwortete nicht. Er blickte Robinia auch nicht an. Aufrecht stand er gegen die Brüstung gelehnt. Seine dunklen Hände wirkten bleich, so fest umklammerten sie das Geländer. Das Boot hatte sich nun weit vom Ufer entfernt. John Downer stand auf der Düne, der Hund saß neben ihm. Man konnte nicht hören, was der alte Mann rief, obwohl sich die Vögel beruhigt hatten und wieder zu Wasser gingen. Immer deutlicher zeichnete sich die Szene gegen den klaren Himmel ab.

Tausend Meter vom Strand entfernt schwang Eric die Paddel über seinem Kopf und warf sie mit weitem Schwung in den See. Er beugte sich zu Lottee hinüber, nahm das Gewehr und warf es ebenfalls über Bord. Dann bückte er sich tief und machte sich am Boden des Bootes zu schaffen.

Einen Augenblick später standen sich der Mann und das Mädchen aufrecht gegenüber. Sie umarmten sich. Ein Schwarm Pelikane umkreiste sie und ließ sich hinter dem Boot auf das Wasser nieder.

Von der Veranda konnte man deutlich sehen, wie das Boot zu sinken begann. Robinia klammerte sich an Bonys Arm.

»Was tun sie?« schrie sie entsetzt.

»Blicken Sie nicht hin, Robinia«, erwiderte Sefton. »Eric hat den Spund herausgezogen.«

Die Sekunden verstrichen, und wenn noch jemand gezweifelt hatte, so bestand nun absolute Gewißheit. Robinia stand hinter dem Inspektor und schüttelte ihn an den Schultern.

»Bony! Schauen Sie!« flüsterte sie außer sich. »Sie werden ertrinken. Warum? Warum Eric?«

Als er sich umwandte, wich sie zurück vor seinem lodernden Blick.

»Sagten Sie etwas, Robinia?«

»Ja. Was tun die beiden da draußen?«

»Sie strafen Ihr Bild Lügen.«

Das Boot verschwand. Einen Augenblick schienen der Mann und das Mädchen auf der Wasseroberfläche zu stehen. Robinia trat zu Sefton, und der stämmige Wachtmeister legte den Arm um sie und preßte ihr Gesicht fest gegen seine Uniformbluse. Langsam versanken Lottee und Eric, fest aneinandergeschmiegt. Wasservögel umschwirrten sie. Reglos stand auf der Düne ein einsamer alter Mann mit einem Hund.

Irgendwo wartete ein Baum, die Geister der Liebenden aufzunehmen.

GOLDMANN

Das Gesamtverzeichnis aller lieferbaren Titel erhalten Sie im Buchhandel oder direkt beim Verlag.

Taschenbuch-Bestseller zu Taschenbuchpreisen
– Monat für Monat interessante und fesselnde Titel –

✻

Literatur deutschsprachiger und internationaler Autoren

✻

Unterhaltung, Thriller, Historische Romane
und Anthologien

✻

Aktuelle Sachbücher, Ratgeber, Handbücher
und Nachschlagewerke

✻

Esoterik, Persönliches Wachstum und
Ganzheitliches Heilen

✻

Krimis, Science-Fiction und Fantasy-Literatur

✻

Klassiker mit Anmerkungen, Autoreneditionen
und Werkausgaben

✻

Kalender, Kriminalhörspielkassetten und
Popbiographien

Die ganze Welt des Taschenbuchs

Goldmann Verlag · Neumarkter Str. 18 · 81673 München

Bitte senden Sie mir das neue kostenlose Gesamtverzeichnis

Name: _____

Straße: _____

PLZ / Ort: _____